VOCABULÁRIO INGLÊS AMERICANO
palavras mais úteis

Os vocabulários da T&P Books destinam-se a ajudar a aprender, a memorizar, e a rever palavras estrangeiras. O vocabulário contém mais de 3000 palavras de uso comum organizadas tematicamente.

O vocabulário contém as palavras mais comummente usadas
Recomendado como adicional para qualquer curso de línguas
Satisfaz as necessidades dos iniciados e dos alunos avançados de línguas estrangeiras
Conveniente para o uso diário, sessões de revisão e atividades de auto-teste
Permite avaliar o seu vocabulário

Características especias do vocabulário

*   As palavras estão organizadas de acordo com o seu significado, e não por ordem alfabética
*   As palavras são apresentadas em três colunas para facilitar os processos de revisão e auto-teste
*   As palavras compostas são divididas em pequenos blocos para facilitar o processo de aprendizagem
*   O vocabulário oferece uma transcrição simples e adequada de cada palavra estrangeira

O vocabulário contém 101 tópicos incluindo:

Conceitos básicos, Números, Cores, Meses, Estações do ano, Unidades de medida, Roupas & Acessórios, Alimentos & Nutrição, Restaurante, Membros da Família, Parentes, Caráter, Sentimentos, Emoções, Doenças, Cidade, Passeios, Compras, Dinheiro, Casa, Lar, Escritório, Trabalho no Escritório, Importação & Exportação, Marketing, Pesquisa de Emprego, Esportes, Educação, Computador, Internet, Ferramentas, Natureza, Países, Nacionalidades e muito mais ...

TABELA DE CONTEÚDOS

GUIA DE PRONUNCIAÇÃO

Letra	Exemplo Inglês americano	Alfabeto fonético T&P	Exemplo Português
a	age	[eɪ]	seis
a	bag	[æ]	semana
a	car	[ɑ:]	rapaz
a	care	[eə]	fêmea
e	meat	[i:]	cair
e	pen	[e]	metal
e	verb	[ɜ]	minhoca
e	here	[ɪə]	variedade
i	life	[aj]	baixar
i	sick	[ɪ]	sinônimo
i	girl	[ø]	orgulhoso
i	fire	[ajə]	flyer
o	rose	[əʊ]	réu
o	shop	[ɒ]	chamar
o	sport	[ɔ:]	emboço
o	ore	[ɔ:]	emboço
u	to include	[u:]	blusa
u	sun	[ʌ]	fax
u	church	[ɜ]	minhoca
u	pure	[ʊə]	adoecer
y	to cry	[aj]	baixar
y	system	[ɪ]	sinônimo
y	Lyre	[ajə]	flyer
y	party	[ɪ]	sinônimo

Consoantes

b	bar	[b]	barril
c	city	[s]	sanita
c	clay	[k]	aquilo
d	day	[d]	dentista
f	face	[f]	safári
g	geography	[dʒ]	adjetivo
g	glue	[g]	gosto
h	home	[h]	[h] aspirada
j	joke	[dʒ]	adjetivo
k	king	[k]	aquilo

Letra	Exemplo Inglês americano	Alfabeto fonético T&P	Exemplo Português
l	love	[l]	libra
m	milk	[m]	magnólia
n	nose	[n]	natureza
p	pencil	[p]	presente
q	queen	[k]	aquilo
r	rose	[r]	riscar
s	sleep	[s]	sanita
s	please	[z]	sésamo
s	pleasure	[ʒ]	talvez
t	table	[t]	tulipa
v	velvet	[v]	fava
w	winter	[w]	página web
x	ox	[ks]	perplexo
x	exam	[gz]	Yangtzé
z	azure	[ʒ]	talvez
z	zebra	[z]	sésamo

Combinações de letras

ch	China	[ʧ]	Tchau!
ch	chemistry	[k]	aquilo
ch	machine	[ʃ]	mês
sh	ship	[ʃ]	mês
th	weather	[ð]	[z] - fricativa dental sonora não-sibilante
th	tooth	[θ]	[s] - fricativa dental surda não-sibilante
ph	telephone	[f]	safári
ck	black	[k]	aquilo
ng	ring	[ŋ]	alcançar
ng	English	[ŋ]	alcançar
wh	white	[w]	página web
wh	whole	[h]	[h] aspirada
wr	wrong	[r]	riscar
gh	enough	[f]	safári
gh	sign	[n]	natureza
kn	knife	[n]	natureza
qu	question	[kv]	aquário
tch	catch	[ʧ]	Tchau!
oo+k	book	[ʊ]	bonita
oo+r	door	[ɔ:]	emboço
ee	tree	[i:]	cair
ou	house	[aʊ]	produção
ou+r	our	[aʊə]	similar - Espanhol 'cacahuete'
ay	today	[eɪ]	seis
ey	they	[eɪ]	seis

ABREVIATURAS
usadas no vocabulário

Abreviaturas do Português

adj	-	adjetivo
adv	-	advérbio
anim.	-	animado
conj.	-	conjunção
desp.	-	esporte
etc.	-	Etcetera
ex.	-	por exemplo
f	-	nome feminino
f pl	-	feminino plural
fem.	-	feminino
inanim.	-	inanimado
m	-	nome masculino
m pl	-	masculino plural
m, f	-	masculino, feminino
masc.	-	masculino
mat.	-	matemática
mil.	-	militar
pl	-	plural
prep.	-	preposição
pron.	-	pronome
sb.	-	sobre
sing.	-	singular
v aux	-	verbo auxiliar
vi	-	verbo intransitivo
vi, vt	-	verbo intransitivo, transitivo
vr	-	verbo reflexivo
vt	-	verbo transitivo

Abreviaturas do Inglês americano

v aux	-	verbo auxiliar
vi	-	verbo intransitivo
vi, vt	-	verbo intransitivo, transitivo
vt	-	verbo transitivo

CONCEITOS BÁSICOS

1. Pronomes

eu	**I, me**	[aɪ], [mi:]
você	**you**	[ju:]
ele	**he**	[hi:]
ela	**she**	[ʃi:]
ele, ela (neutro)	**it**	[ɪt]
nós	**we**	[wi:]
vocês	**you**	[ju:]
eles, elas	**they**	[ðeɪ]

2. Cumprimentos. Saudações

Oi!	**Hello!**	[hə'ləʊ]
Olá!	**Hello!**	[hə'ləʊ]
Bom dia!	**Good morning!**	[gʊd 'mɔ:nɪŋ]
Boa tarde!	**Good afternoon!**	[gʊd ˌɑ:ftə'nu:n]
Boa noite!	**Good evening!**	[gʊd 'i:vnɪŋ]
cumprimentar (vt)	**to say hello**	[tə seɪ hə'ləʊ]
Oi!	**Hi!**	[haɪ]
saudação (f)	**greeting**	['gri:tɪŋ]
saudar (vt)	**to greet** (vt)	[tə gri:t]
Tudo bem?	**How are you?**	[ˌhaʊ ə 'ju:]
E aí, novidades?	**What's new?**	[ˌwɒts 'nju:]
Tchau! Até logo!	**Bye-Bye! Goodbye!**	[baɪ-baɪ], [gʊd'baɪ]
Até breve!	**See you soon!**	['si: ju ˌsu:n]
Adeus!	**Goodbye!**	[gʊd'baɪ]
despedir-se (dizer adeus)	**to say goodbye**	[tə seɪ gʊd'baɪ]
Até mais!	**So long!**	[ˌsəʊ 'lɒŋ]
Obrigado! -a!	**Thank you!**	['θæŋk ju:]
Muito obrigado! -a!	**Thank you very much!**	['θæŋk ju 'verɪ mʌtʃ]
De nada	**You're welcome.**	[juɑ: 'welkəm]
Não tem de quê	**Don't mention it!**	[ˌdəʊnt 'menʃən ɪt]
Desculpa! -pe!	**Excuse me!**	[ɪk'skju:z mi:]
desculpar (vt)	**to excuse** (vt)	[tə ɪk'skju:z]
desculpar-se (vr)	**to apologize** (vi)	[tə ə'pɒlədʒaɪz]
Me desculpe	**My apologies.**	[maɪ ə'pɒlədʒɪz]
Desculpe!	**I'm sorry!**	[aɪm 'sɒrɪ]
Não faz mal	**It's okay!**	[ɪts ˌəʊ'keɪ]
por favor	**please**	[pli:z]

Não se esqueça!	Don't forget!	[ˌdəʊnt fəˈget]
Com certeza!	Certainly!	[ˈsɜːtənlɪ]
Claro que não!	Of course not!	[əv ˌkɔːs ˈnɒt]
Está bem! De acordo!	Okay!	[ˌəʊˈkeɪ]
Chega!	That's enough!	[ðæts ɪˈnʌf]

3. Questões

Quem?	Who?	[huː]
O que?	What?	[wɒt]
Onde?	Where?	[weə]
Para onde?	Where?	[weə]
De onde?	From where?	[from weə]
Quando?	When?	[wen]
Para quê?	Why?	[waɪ]

Para quê?	What for?	[wɒt fɔː(r)]
Como?	How?	[haʊ]
Qual (~ deles?)	Which?	[wɪtʃ]

A quem?	To whom?	[tə huːm]
De quem?	About whom?	[əˈbaʊt ˌhuːm]
Do quê?	About what?	[əˈbaʊt ˌwɒt]
Com quem?	With whom?	[wɪð ˈhuːm]
Quantos? -as?	How many?	[ˌhaʊ ˈmenɪ]
Quanto?	How much?	[ˌhaʊ ˈmʌtʃ]
De quem (~ é isto?)	Whose?	[huːz]

4. Preposições

com (prep.)	with	[wɪð]
sem (prep.)	without	[wɪˈðaʊt]
a, para (exprime lugar)	to	[tuː]
sobre (ex. falar ~)	about	[əˈbaʊt]
antes de ...	before	[bɪˈfɔː(r)]
em frente de ...	in front of ...	[ɪn ˈfrʌnt əv]
debaixo de ...	under	[ˈʌndə(r)]
sobre (em cima de)	above	[əˈbʌv]
em ..., sobre ...	on	[ɒn]
de, do (sou ~ Rio de Janeiro)	from	[from]
de (feito ~ pedra)	of	[əv]

| em (~ 3 dias) | in | [ɪn] |
| por cima de ... | over | [ˈəʊvə(r)] |

5. Palavras funcionais. Advérbios. Parte 1

Onde?	Where?	[weə]
aqui	here	[hɪə(r)]
lá, ali	there	[ðeə(r)]

em algum lugar	somewhere	['sʌmweə(r)]
em lugar nenhum	nowhere	['nəʊweə(r)]
perto de ...	by	[baɪ]
perto da janela	by the window	[baɪ ðə 'wɪndəʊ]
Para onde?	Where?	[weə]
aqui	here	[hɪə(r)]
para lá	there	[ðeə(r)]
daqui	from here	[frɒm hɪə(r)]
de lá, dali	from there	[frɒm ðeə(r)]
perto	close	[kləʊs]
longe	far	[fɑ:(r)]
não fica longe	not far	[nɒt fɑ:(r)]
esquerdo (adj)	left	[left]
à esquerda	on the left	[ɒn ðə left]
para a esquerda	to the left	[tə ðə left]
direito (adj)	right	[raɪt]
à direita	on the right	[ɒn ðə raɪt]
para a direita	to the right	[tə ðə raɪt]
em frente	in front	[ɪn frʌnt]
da frente	front	[frʌnt]
adiante (para a frente)	ahead	[ə'hed]
atrás de ...	behind	[bɪ'haɪnd]
de trás	from behind	[frɒm bɪ'haɪnd]
para trás	back	[bæk]
meio (m), metade (f)	middle	['mɪdəl]
no meio	in the middle	[ɪn ðə 'mɪdəl]
do lado	at the side	[ət ðə saɪd]
em todo lugar	everywhere	['evrɪweə(r)]
por todos os lados	around	[ə'raʊnd]
de dentro	from inside	[frɒm ɪn'saɪd]
para algum lugar	somewhere	['sʌmweə(r)]
diretamente	straight	[streɪt]
de volta	back	[bæk]
de algum lugar	from anywhere	[frɒm 'enɪweə(r)]
de algum lugar	from somewhere	[frɒm 'sʌmweə(r)]
em primeiro lugar	firstly	['fɜ:stlɪ]
em segundo lugar	secondly	['sekəndlɪ]
em terceiro lugar	thirdly	['θɜ:dlɪ]
de repente	suddenly	['sʌdənlɪ]
no início	at first	[ət fɜ:st]
pela primeira vez	for the first time	[fɔ: ðə 'fɜ:st ˌtaɪm]
muito antes de ...	long before ...	[lɒŋ bɪ'fɔ:(r)]
para sempre	for good	[fɔ: 'gʊd]

nunca	never	['nevə(r)]
de novo	again	[ə'gen]
agora	now	[nau]
frequentemente	often	['ɒfən]
então	then	[ðen]
urgentemente	urgently	['ɜːdʒəntlɪ]
normalmente	usually	['juːʒəlɪ]

a propósito, ...	by the way, ...	[baɪ ðə weɪ]
é possível	possibly	['pɒsəblɪ]
provavelmente	probably	['prɒbəblɪ]
talvez	maybe	['meɪbiː]
além disso, ...	besides ...	[bɪ'saɪdz]
por isso ...	that's why ...	[ðæts waɪ]
apesar de ...	in spite of ...	[ɪn 'spaɪt əv]
graças a ...	thanks to ...	['θæŋks tuː]

que (pron.)	what	[wɒt]
que (conj.)	that	[ðæt]
algo	something	['sʌmθɪŋ]
alguma coisa	anything, something	['enɪθɪŋ], ['sʌmθɪŋ]
nada	nothing	['nʌθɪŋ]

quem	who	[huː]
alguém (~ que ...)	someone	['sʌmwʌn]
alguém (com ~)	somebody	['sʌmbədɪ]

ninguém	nobody	['nəubədɪ]
para lugar nenhum	nowhere	['nəuweə(r)]
de ninguém	nobody's	['nəubədɪz]
de alguém	somebody's	['sʌmbədɪz]

tão	so	[səu]
também (gostaria ~ de ...)	also	['ɔːlsəu]
também (~ eu)	too	[tuː]

6. Palavras funcionais. Advérbios. Parte 2

Por quê?	Why?	[waɪ]
por alguma razão	for some reason	[fɔː 'sʌm ˌriːzən]
porque ...	because ...	[bɪ'kɒz]

e (tu ~ eu)	and	[ænd]
ou (ser ~ não ser)	or	[ɔː(r)]
mas (porém)	but	[bʌt]
para (~ a minha mãe)	for	[fɔːr]

muito, demais	too	[tuː]
só, somente	only	['əunlɪ]
exatamente	exactly	[ɪg'zæktlɪ]
cerca de (~ 10 kg)	about	[ə'baut]
aproximadamente	approximately	[ə'prɒksɪmətlɪ]
aproximado (adj)	approximate	[ə'prɒksɪmət]
quase	almost	['ɔːlməust]

resto (m)	the rest	[ðə rest]

o outro (segundo)	the other	[ðə ʌðə(r)]
outro (adj)	other	['ʌðə(r)]
cada (adj)	each	[i:ʧ]
qualquer (adj)	any	['enɪ]
muitos, muitas	many	['menɪ]
muito	much	[mʌʧ]
muitas pessoas	many people	[ˌmenɪ 'pi:pəl]
todos	all	[ɔ:l]

em troca de ...	in return for ...	[ɪn rɪ'tɜ:n fɔ:]
em troca	in exchange	[ɪn ɪks'ʧeɪndʒ]
à mão	by hand	[baɪ hænd]
pouco provável	hardly	['hɑ:dlɪ]

provavelmente	probably	['prɒbəblɪ]
de propósito	on purpose	[ɒn 'pɜ:pəs]
por acidente	by accident	[baɪ 'æksɪdənt]

muito	very	['verɪ]
por exemplo	for example	[fɔ:r ɪg'zɑ:mpəl]
entre	between	[bɪ'twi:n]
entre (no meio de)	among	[ə'mʌŋ]
tanto	so much	[səʊ mʌʧ]
especialmente	especially	[ɪ'speʃəlɪ]

NÚMEROS. DIVERSOS

7. Números cardinais. Parte 1

zero	**zero**	['zɪərəʊ]
um	**one**	[wʌn]
dois	**two**	[tu:]
três	**three**	[θri:]
quatro	**four**	[fɔ:(r)]
cinco	**five**	[faɪv]
seis	**six**	[sɪks]
sete	**seven**	['sevən]
oito	**eight**	[eɪt]
nove	**nine**	[naɪn]
dez	**ten**	[ten]
onze	**eleven**	[ɪ'levən]
doze	**twelve**	[twelv]
treze	**thirteen**	[ˌθɜ:'ti:n]
catorze	**fourteen**	[ˌfɔ:'ti:n]
quinze	**fifteen**	[fɪf'ti:n]
dezesseis	**sixteen**	[sɪks'ti:n]
dezessete	**seventeen**	[ˌsevən'ti:n]
dezoito	**eighteen**	[ˌeɪ'ti:n]
dezenove	**nineteen**	[ˌnaɪn'ti:n]
vinte	**twenty**	['twentɪ]
vinte e um	**twenty-one**	['twentɪ ˌwʌn]
vinte e dois	**twenty-two**	['twentɪ ˌtu:]
vinte e três	**twenty-three**	['twentɪ ˌθri:]
trinta	**thirty**	['θɜ:tɪ]
trinta e um	**thirty-one**	['θɜ:tɪ ˌwʌn]
trinta e dois	**thirty-two**	['θɜ:tɪ ˌtu:]
trinta e três	**thirty-three**	['θɜ:tɪ ˌθri:]
quarenta	**forty**	['fɔ:tɪ]
quarenta e um	**forty-one**	['fɔ:tɪˌwʌn]
quarenta e dois	**forty-two**	['fɔ:tɪˌtu:]
quarenta e três	**forty-three**	['fɔ:tɪˌθri:]
cinquenta	**fifty**	['fɪftɪ]
cinquenta e um	**fifty-one**	['fɪftɪ ˌwʌn]
cinquenta e dois	**fifty-two**	['fɪftɪ ˌtu:]
cinquenta e três	**fifty-three**	['fɪftɪ ˌθri:]
sessenta	**sixty**	['sɪkstɪ]
sessenta e um	**sixty-one**	['sɪkstɪ ˌwʌn]

sessenta e dois	sixty-two	['sɪkstɪ ˌtu:]
sessenta e três	sixty-three	['sɪkstɪ ˌθri:]
setenta	seventy	['sevəntɪ]
setenta e um	seventy-one	['sevəntɪ ˌwʌn]
setenta e dois	seventy-two	['sevəntɪ ˌtu:]
setenta e três	seventy-three	['sevəntɪ ˌθri:]
oitenta	eighty	['eɪtɪ]
oitenta e um	eighty-one	['eɪtɪ ˌwʌn]
oitenta e dois	eighty-two	['eɪtɪ ˌtu:]
oitenta e três	eighty-three	['eɪtɪ ˌθri:]
noventa	ninety	['naɪntɪ]
noventa e um	ninety-one	['naɪntɪ ˌwʌn]
noventa e dois	ninety-two	['naɪntɪ ˌtu:]
noventa e três	ninety-three	['naɪntɪ ˌθri:]

8. Números cardinais. Parte 2

cem	one hundred	[ˌwʌn 'hʌndrəd]
duzentos	two hundred	[tu 'hʌndrəd]
trezentos	three hundred	[θri: 'hʌndrəd]
quatrocentos	four hundred	[ˌfɔ: 'hʌndrəd]
quinhentos	five hundred	[ˌfaɪv 'hʌndrəd]
seiscentos	six hundred	[sɪks 'hʌndrəd]
setecentos	seven hundred	['sevən 'hʌndrəd]
oitocentos	eight hundred	[eɪt 'hʌndrəd]
novecentos	nine hundred	[ˌnaɪn 'hʌndrəd]
mil	one thousand	[ˌwʌn 'θaʊzənd]
dois mil	two thousand	[tu 'θaʊzənd]
três mil	three thousand	[θri: 'θaʊzənd]
dez mil	ten thousand	[ten 'θaʊzənd]
cem mil	one hundred thousand	[ˌwʌn 'hʌndrəd 'θaʊzənd]
um milhão	million	['mɪljən]
um bilhão	billion	['bɪljən]

9. Números ordinais

primeiro (adj)	first	[fɜ:st]
segundo (adj)	second	['sekənd]
terceiro (adj)	third	[θɜ:d]
quarto (adj)	fourth	[fɔ:θ]
quinto (adj)	fifth	[fɪfθ]
sexto (adj)	sixth	[sɪksθ]
sétimo (adj)	seventh	['sevənθ]
oitavo (adj)	eighth	[eɪtθ]
nono (adj)	ninth	[naɪnθ]
décimo (adj)	tenth	[tenθ]

CORES. UNIDADES DE MEDIDA

10. Cores

cor (f)	color	['kʌlə(r)]
tom (m)	shade	[ʃeɪd]
tonalidade (m)	hue	[hju:]
arco-íris (m)	rainbow	['reɪnbəʊ]
branco (adj)	white	[waɪt]
preto (adj)	black	[blæk]
cinza (adj)	gray	[greɪ]
verde (adj)	green	[gri:n]
amarelo (adj)	yellow	['jeləʊ]
vermelho (adj)	red	[red]
azul (adj)	blue	[blu:]
azul claro (adj)	light blue	[ˌlaɪt 'blu:]
rosa (adj)	pink	[pɪŋk]
laranja (adj)	orange	['ɒrɪndʒ]
violeta (adj)	violet	['vaɪələt]
marrom (adj)	brown	[braʊn]
dourado (adj)	golden	['gəʊldən]
prateado (adj)	silvery	['sɪlvərɪ]
bege (adj)	beige	[beɪʒ]
creme (adj)	cream	[kri:m]
turquesa (adj)	turquoise	['tɜ:kwɔɪz]
vermelho cereja (adj)	cherry red	['tʃerɪ red]
lilás (adj)	lilac	['laɪlək]
carmim (adj)	crimson	['krɪmzən]
claro (adj)	light	[laɪt]
escuro (adj)	dark	[dɑ:k]
vivo (adj)	bright	[braɪt]
de cor	colored	['kʌləd]
a cores	color	['kʌlə(r)]
preto e branco (adj)	black-and-white	[blæk ən waɪt]
unicolor (de uma só cor)	plain, one-colored	[pleɪn], [ˌwʌn'kʌləd]
multicolor (adj)	multicolored	['mʌltɪˌkʌləd]

11. Unidades de medida

peso (m)	weight	[weɪt]
comprimento (m)	length	[leŋθ]

largura (f)	width	[wɪdθ]
altura (f)	height	[haɪt]
profundidade (f)	depth	[depθ]
volume (m)	volume	['vɒljuːm]
área (f)	area	['eərɪə]

grama (m)	gram	[græm]
miligrama (m)	milligram	['mɪlɪgræm]
quilograma (m)	kilogram	['kɪləˌgræm]
tonelada (f)	ton	[tʌn]
libra (453,6 gramas)	pound	[paʊnd]
onça (f)	ounce	[aʊns]

metro (m)	meter	['miːtə(r)]
milímetro (m)	millimeter	['mɪlɪˌmiːtə(r)]
centímetro (m)	centimeter	['sentɪˌmiːtə(r)]
quilômetro (m)	kilometer	['kɪləˌmiːtə(r)]
milha (f)	mile	[maɪl]

polegada (f)	inch	[ɪntʃ]
pé (304,74 mm)	foot	[fʊt]
jarda (914,383 mm)	yard	[jɑːd]

metro (m) quadrado	square meter	[skweə 'miːtə(r)]
hectare (m)	hectare	['hekteə(r)]

litro (m)	liter	['liːtə(r)]
grau (m)	degree	[dɪ'griː]
volt (m)	volt	[vəʊlt]
ampère (m)	ampere	['æmpeə(r)]
cavalo (m) de potência	horsepower	['hɔːsˌpaʊə(r)]

quantidade (f)	quantity	['kwɒntɪtɪ]
um pouco de ...	a little bit of ...	[ə 'lɪtəl bɪt əv]
metade (f)	half	[hɑːf]
dúzia (f)	dozen	['dʌzən]
peça (f)	piece	[piːs]

tamanho (m), dimensão (f)	size	[saɪz]
escala (f)	scale	[skeɪl]

mínimo (adj)	minimal	['mɪnɪməl]
menor, mais pequeno	the smallest	[ðə 'smɔːləst]
médio (adj)	medium	['miːdɪəm]
máximo (adj)	maximal	['mæksɪməl]
maior, mais grande	the largest	[ðə 'lɑːdʒɪst]

12. Recipientes

pote (m) de vidro	jar	[dʒɑː(r)]
lata (~ de cerveja)	can	[kæn]
balde (m)	bucket	['bʌkɪt]
barril (m)	barrel	['bærəl]
bacia (~ de plástico)	basin	['beɪsən]

tanque (m)	tank	[tæŋk]
cantil (m) de bolso	hip flask	[hɪp flɑ:sk]
galão (m) de gasolina	jerrycan	['dʒerɪkæn]
cisterna (f)	tank	[tæŋk]

caneca (f)	mug	[mʌg]
xícara (f)	cup	[kʌp]
pires (m)	saucer	['sɔːsə(r)]
copo (m)	glass	[glɑːs]
taça (f) de vinho	glass	[glɑːs]
panela (f)	stock pot	[stɒk pɒt]

| garrafa (f) | bottle | ['bɒtəl] |
| gargalo (m) | neck | [nek] |

jarra (f)	carafe	[kə'ræf]
jarro (m)	pitcher	['pɪtʃə(r)]
recipiente (m)	vessel	['vesəl]
pote (m)	pot	[pɒt]
vaso (m)	vase	[veɪz]

frasco (~ de perfume)	bottle	['bɒtəl]
frasquinho (m)	vial, small bottle	['vaɪəl], [smɔːl 'bɒtəl]
tubo (m)	tube	[tju:b]

saco (ex. ~ de açúcar)	sack	[sæk]
sacola (~ plastica)	bag	[bæg]
maço (de cigarros, etc.)	pack	[pæk]

caixa (~ de sapatos, etc.)	box	[bɒks]
caixote (~ de madeira)	box	[bɒks]
cesto (m)	basket	['bɑːskɪt]

VERBOS PRINCIPAIS

13. Os verbos mais importantes. Parte 1

abrir (vt)	to open (vt)	[tə 'əupən]
acabar, terminar (vt)	to finish (vt)	[tə 'fɪnɪʃ]
aconselhar (vt)	to advise (vt)	[tə əd'vaɪz]
adivinhar (vt)	to guess (vt)	[tə ges]
advertir (vt)	to warn (vt)	[tə wɔːn]
ajudar (vt)	to help (vt)	[tə help]
almoçar (vi)	to have lunch	[tə hæv lʌntʃ]
alugar (~ um apartamento)	to rent (vt)	[tə rent]
amar (pessoa)	to love (vt)	[tə lʌv]
ameaçar (vt)	to threaten (vt)	[tə 'θretən]
anotar (escrever)	to write down	[tə ˌraɪt 'daʊn]
apressar-se (vr)	to hurry (vi)	[tə 'hʌrɪ]
arrepender-se (vr)	to regret (vi)	[tə rɪ'gret]
assinar (vt)	to sign (vt)	[tə saɪn]
brincar (vi)	to joke (vi)	[tə dʒəʊk]
brincar, jogar (vi, vt)	to play (vi)	[tə pleɪ]
buscar (vt)	to look for ...	[tə lʊk fɔː(r)]
caçar (vi)	to hunt (vi, vt)	[tə hʌnt]
cair (vi)	to fall (vi)	[tə fɔːl]
cavar (vt)	to dig (vt)	[tə dɪg]
chamar (~ por socorro)	to call (vt)	[tə kɔːl]
chegar (vi)	to arrive (vi)	[tə ə'raɪv]
chorar (vi)	to cry (vi)	[tə kraɪ]
começar (vt)	to begin (vt)	[tə bɪ'gɪn]
comparar (vt)	to compare (vt)	[tə kəm'peə(r)]
concordar (dizer "sim")	to agree (vi)	[tə ə'griː]
confiar (vt)	to trust (vt)	[tə trʌst]
confundir (equivocar-se)	to confuse, to mix up (vt)	[tə kən'fjuːz], [tə mɪks ʌp]
conhecer (vt)	to know (vt)	[tə nəʊ]
contar (fazer contas)	to count (vt)	[tə kaʊnt]
contar com ...	to count on ...	[tə kaʊnt ɒn]
continuar (vt)	to continue (vt)	[tə kən'tɪnjuː]
controlar (vt)	to control (vt)	[tə kən'trəʊl]
convidar (vt)	to invite (vt)	[tə ɪn'vaɪt]
correr (vi)	to run (vi)	[tə rʌn]
criar (vt)	to create (vt)	[tə kriː'eɪt]
custar (vt)	to cost (vt)	[tə kɒst]

14. Os verbos mais importantes. Parte 2

dar (vt)	to give (vt)	[tə gɪv]
dar uma dica	to give a hint	[tə gɪv ə hɪnt]
decorar (enfeitar)	to decorate (vt)	[tə 'dekəreɪt]
defender (vt)	to defend (vt)	[tə dɪ'fend]
deixar cair (vt)	to drop (vt)	[tə drɒp]
descer (para baixo)	to come down	[tə kʌm daʊn]
desculpar (vt)	to excuse (vt)	[tə ɪk'skju:z]
dirigir (~ uma empresa)	to run, to manage	[tə rʌn], [tə 'mænɪdʒ]
discutir (notícias, etc.)	to discuss (vt)	[tə dɪs'kʌs]
disparar, atirar (vi)	to shoot (vi)	[tə ʃu:t]
dizer (vt)	to say (vt)	[tə seɪ]
duvidar (vt)	to doubt (vi)	[tə daʊt]
encontrar (achar)	to find (vt)	[tə faɪnd]
enganar (vt)	to deceive (vi, vt)	[tə dɪ'si:v]
entender (vt)	to understand (vt)	[tə‚ʌndə'stænd]
entrar (na sala, etc.)	to enter (vt)	[tə 'entə(r)]
enviar (uma carta)	to send (vt)	[tə send]
errar (enganar-se)	to make a mistake	[tə meɪk ə mɪ'steɪk]
escolher (vt)	to choose (vt)	[tə tʃu:z]
esconder (vt)	to hide (vt)	[tə haɪd]
escrever (vt)	to write (vt)	[tə raɪt]
esperar (aguardar)	to wait (vt)	[tə weɪt]
esperar (ter esperança)	to hope (vi, vt)	[tə həʊp]
esquecer (vt)	to forget (vi, vt)	[tə fə'get]
estudar (vt)	to study (vt)	[tə 'stʌdɪ]
exigir (vt)	to demand (vt)	[tə dɪ'mɑ:nd]
existir (vi)	to exist (vi)	[tə ɪg'zɪst]
explicar (vt)	to explain (vt)	[tə ɪk'spleɪn]
falar (vi)	to speak (vi, vt)	[tə spi:k]
faltar (a la escuela, etc.)	to miss (vt)	[tə mɪs]
fazer (vt)	to do (vt)	[tə du:]
ficar em silêncio	to keep silent	[tə ki:p 'saɪlənt]
gabar-se (vr)	to boast (vi)	[tə bəʊst]
gostar (apreciar)	to like (vt)	[tə laɪk]
gritar (vi)	to shout (vi)	[tə ʃaʊt]
guardar (fotos, etc.)	to keep (vt)	[tə ki:p]
informar (vt)	to inform (vt)	[tə ɪn'fɔ:m]
insistir (vi)	to insist (vi, vt)	[tə ɪn'sɪst]
insultar (vt)	to insult (vt)	[tə ɪn'sʌlt]
interessar-se (vr)	to be interested in ...	[tə bi 'ɪntrestɪd ɪn]
ir (a pé)	to go (vi)	[tə gəʊ]
ir nadar	to go for a swim	[tə gəʊ fɔrə swɪm]
jantar (vi)	to have dinner	[tə hæv 'dɪnə(r)]

15. Os verbos mais importantes. Parte 3

ler (vt)	to read (vi, vt)	[tə riːd]
libertar, liberar (vt)	to liberate (vt)	[tə 'lɪbəreɪt]
matar (vt)	to kill (vt)	[tə kɪl]
mencionar (vt)	to mention (vt)	[tə 'menʃən]
mostrar (vt)	to show (vt)	[tə ʃəu]

mudar (modificar)	to change (vt)	[tə tʃeɪndʒ]
nadar (vi)	to swim (vi)	[tə swɪm]
negar-se a ... (vr)	to refuse (vi, vt)	[tə rɪ'fjuːz]
objetar (vt)	to object (vi, vt)	[tə əb'dʒekt]

observar (vt)	to observe (vt)	[tə əb'zɜːv]
ordenar (mil.)	to order (vi, vt)	[tə 'ɔːdə(r)]
ouvir (vt)	to hear (vt)	[tə hɪə(r)]
pagar (vt)	to pay (vi, vt)	[tə peɪ]
parar (vi)	to stop (vi)	[tə stɒp]

parar, cessar (vt)	to stop (vt)	[tə stɒp]
participar (vi)	to participate (vi)	[tə pɑː'tɪsɪpeɪt]
pedir (comida, etc.)	to order (vt)	[tə 'ɔːdə(r)]
pedir (um favor, etc.)	to ask (vt)	[tə ɑːsk]
pegar (tomar)	to take (vt)	[tə teɪk]

pegar (uma bola)	to catch (vt)	[tə kætʃ]
pensar (vi, vt)	to think (vi, vt)	[tə θɪŋk]
perceber (ver)	to notice (vt)	[tə 'nəutɪs]
perdoar (vt)	to forgive (vt)	[tə fə'gɪv]
perguntar (vt)	to ask (vt)	[tə ɑːsk]

permitir (vt)	to permit (vt)	[tə pə'mɪt]
pertencer a ... (vi)	to belong to ...	[tə bɪ'lɒŋ tuː]
planejar (vt)	to plan (vt)	[tə plæn]
poder (~ fazer algo)	can (v aux)	[kæn]
possuir (uma casa, etc.)	to own (vt)	[tə əun]

preferir (vt)	to prefer (vt)	[tə prɪ'fɜː(r)]
preparar (vt)	to cook (vt)	[tə kuk]
prever (vt)	to expect (vt)	[tə ɪk'spekt]
prometer (vt)	to promise (vt)	[tə 'prɒmɪs]
pronunciar (vt)	to pronounce (vt)	[tə prə'nauns]

propor (vt)	to propose (vt)	[tə prə'pəuz]
punir (castigar)	to punish (vt)	[tə 'pʌnɪʃ]
quebrar (vt)	to break (vt)	[tə breɪk]
queixar-se de ...	to complain (vi, vt)	[tə kəm'pleɪn]
querer (desejar)	to want (vt)	[tə wɒnt]

16. Os verbos mais importantes. Parte 4

| ralhar, repreender (vt) | to scold (vt) | [tə skəuld] |
| recomendar (vt) | to recommend (vt) | [tə ˌrekə'mend] |

repetir (dizer outra vez)	**to repeat** (vt)	[tə rɪ'piːt]
reservar (~ um quarto)	**to reserve, to book**	[tə rɪ'zɜːv], [tə bʊk]
responder (vt)	**to answer** (vi, vt)	[tə 'ɑːnsə(r)]
rezar, orar (vi)	**to pray** (vi, vt)	[tə preɪ]
rir (vi)	**to laugh** (vi)	[tə lɑːf]
roubar (vt)	**to steal** (vt)	[tə stiːl]
saber (vt)	**to know** (vt)	[tə nəʊ]
sair (~ de casa)	**to go out**	[tə gəʊ aʊt]
salvar (resgatar)	**to save, to rescue**	[tə seɪv], [tə 'reskjuː]
seguir (~ alguém)	**to follow ...**	[tə 'fɒləʊ]
sentar-se (vr)	**to sit down** (vi)	[tə sɪt daʊn]
ser necessário	**to be needed**	[tə bi 'niːdɪd]
ser, estar	**to be** (vi)	[tə biː]
significar (vt)	**to mean** (vt)	[tə miːn]
sorrir (vi)	**to smile** (vi)	[tə smaɪl]
subestimar (vt)	**to underestimate** (vt)	[tə ˌʌndə'restɪmeɪt]
surpreender-se (vr)	**to be surprised**	[tə bi sə'praɪzd]
tentar (~ fazer)	**to try** (vt)	[tə traɪ]
ter (vt)	**to have** (vt)	[tə hæv]
ter fome	**to be hungry**	[tə bi 'hʌŋgrɪ]
ter medo	**to be afraid**	[tə bi ə'freɪd]
ter sede	**to be thirsty**	[tə bi 'θɜːstɪ]
tocar (com as mãos)	**to touch** (vt)	[tə tʌtʃ]
tomar café da manhã	**to have breakfast**	[tə hæv 'brekfəst]
trabalhar (vi)	**to work** (vi)	[tə wɜːk]
traduzir (vt)	**to translate** (vt)	[tə træns'leɪt]
unir (vt)	**to unite** (vt)	[tə juː'naɪt]
vender (vt)	**to sell** (vt)	[tə sel]
ver (vt)	**to see** (vt)	[tə siː]
virar (~ para a direita)	**to turn** (vi)	[tə tɜːn]
voar (vi)	**to fly** (vi)	[tə flaɪ]

TEMPO. CALENDÁRIO

17. Dias da semana

segunda-feira (f)	Monday	['mʌndɪ]
terça-feira (f)	Tuesday	['tjuːzdɪ]
quarta-feira (f)	Wednesday	['wenzdɪ]
quinta-feira (f)	Thursday	['θɜːzdɪ]
sexta-feira (f)	Friday	['fraɪdɪ]
sábado (m)	Saturday	['sætədɪ]
domingo (m)	Sunday	['sʌndɪ]
hoje	today	[tə'deɪ]
amanhã	tomorrow	[tə'mɒrəʊ]
depois de amanhã	the day after tomorrow	[ðə deɪ 'ɑːftə tə'mɒrəʊ]
ontem	yesterday	['jestədɪ]
anteontem	the day before yesterday	[ðə deɪ bɪ'fɔː 'jestədɪ]
dia (m)	day	[deɪ]
dia (m) de trabalho	working day	['wɜːkɪŋ deɪ]
feriado (m)	public holiday	['pʌblɪk 'hɒlɪdeɪ]
dia (m) de folga	day off	[ˌdeɪ'ɒf]
fim (m) de semana	weekend	[ˌwiːk'end]
o dia todo	all day long	[ɔːl 'deɪ ˌlɒŋ]
no dia seguinte	the next day	[ðə nekst deɪ]
há dois dias	two days ago	[tu deɪz ə'gəʊ]
na véspera	the day before	[ðə deɪ bɪ'fɔː(r)]
diário (adj)	daily	['deɪlɪ]
todos os dias	every day	[ˌevrɪ 'deɪ]
semana (f)	week	[wiːk]
na semana passada	last week	[ˌlɑːst 'wiːk]
semana que vem	next week	[ˌnekst 'wiːk]
semanal (adj)	weekly	['wiːklɪ]
toda semana	every week	[ˌevrɪ 'wiːk]
duas vezes por semana	twice a week	[ˌtwaɪs ə 'wiːk]
toda terça-feira	every Tuesday	['evrɪ 'tjuːzdɪ]

18. Horas. Dia e noite

manhã (f)	morning	['mɔːnɪŋ]
de manhã	in the morning	[ɪn ðə 'mɔːnɪŋ]
meio-dia (m)	noon, midday	[nuːn], ['mɪdeɪ]
à tarde	in the afternoon	[ɪn ðə ˌɑːftə'nuːn]
tardinha (f)	evening	['iːvnɪŋ]
à tardinha	in the evening	[ɪn ðɪ 'iːvnɪŋ]

noite (f)	night	[naɪt]
à noite	at night	[ət naɪt]
meia-noite (f)	midnight	['mɪdnaɪt]

segundo (m)	second	['sekənd]
minuto (m)	minute	['mɪnɪt]
hora (f)	hour	['aʊə(r)]
meia hora (f)	half an hour	[ˌhɑːf ən 'aʊə(r)]
quarto (m) de hora	a quarter-hour	[ə 'kwɔːtər'aʊə(r)]
quinze minutos	fifteen minutes	[fɪf'tiːn 'mɪnɪts]
vinte e quatro horas	twenty four hours	['twentɪ fɔːr'aʊəz]

nascer (m) do sol	sunrise	['sʌnraɪz]
amanhecer (m)	dawn	[dɔːn]
madrugada (f)	early morning	['ɜːlɪ 'mɔːnɪŋ]
pôr-do-sol (m)	sunset	['sʌnset]

de madrugada	early in the morning	['ɜːlɪ ɪn ðə 'mɔːnɪŋ]
esta manhã	this morning	[ðɪs 'mɔːnɪŋ]
amanhã de manhã	tomorrow morning	[tə'mɒrəʊ 'mɔːnɪŋ]

esta tarde	this afternoon	[ðɪs ˌɑːftə'nuːn]
à tarde	in the afternoon	[ɪn ðə ˌɑːftə'nuːn]
amanhã à tarde	tomorrow afternoon	[tə'mɒrəʊ ˌɑːftə'nuːn]

esta noite, hoje à noite	tonight	[tə'naɪt]
amanhã à noite	tomorrow night	[tə'mɒrəʊ naɪt]

às três horas em ponto	at 3 o'clock sharp	[ət θriː ə'klɒk ʃɑːp]
por volta das quatro	about 4 o'clock	[ə'baʊt ˌfɔːrə'klɒk]
às doze	by 12 o'clock	[baɪ twelv ə'klɒk]

em vinte minutos	in 20 minutes	[ɪn 'twentɪ ˌmɪnɪts]
em uma hora	in an hour	[ɪn ən 'aʊə(r)]
a tempo	on time	[ɒn 'taɪm]

... um quarto para	a quarter to ...	[ə 'kwɔːtə tə]
dentro de uma hora	within an hour	[wɪ'ðɪn æn 'aʊə(r)]
a cada quinze minutos	every 15 minutes	['evrɪ fɪf'tiːn 'mɪnɪts]
as vinte e quatro horas	round the clock	['raʊnd ðə ˌklɒk]

19. Meses. Estações

janeiro (m)	January	['dʒænjʊərɪ]
fevereiro (m)	February	['februərɪ]
março (m)	March	[mɑːʧ]
abril (m)	April	['eɪprəl]
maio (m)	May	[meɪ]
junho (m)	June	[dʒuːn]

julho (m)	July	[dʒuː'laɪ]
agosto (m)	August	['ɔːgəst]
setembro (m)	September	[sep'tembə(r)]
outubro (m)	October	[ɒk'təʊbə(r)]

novembro (m)	**November**	[nəʊˈvembə(r)]
dezembro (m)	**December**	[dɪˈsembə(r)]
primavera (f)	**spring**	[sprɪŋ]
na primavera	**in (the) spring**	[ɪn (ðə) sprɪŋ]
primaveril (adj)	**spring**	[sprɪŋ]
verão (m)	**summer**	[ˈsʌmə(r)]
no verão	**in (the) summer**	[ɪn (ðə) ˈsʌmə(r)]
de verão	**summer**	[ˈsʌmə(r)]
outono (m)	**fall**	[fɔːl]
no outono	**in (the) fall**	[ɪn (ðə) fɔːl]
outonal (adj)	**fall**	[fɔːl]
inverno (m)	**winter**	[ˈwɪntə(r)]
no inverno	**in (the) winter**	[ɪn (ðə) ˈwɪntə(r)]
de inverno	**winter**	[ˈwɪntə(r)]
mês (m)	**month**	[mʌnθ]
este mês	**this month**	[ðɪs mʌnθ]
mês que vem	**next month**	[ˌnekst ˈmʌnθ]
no mês passado	**last month**	[ˌlɑːst ˈmʌnθ]
um mês atrás	**a month ago**	[əˌmʌnθ əˈɡəʊ]
em um mês	**in a month**	[ɪn ə ˈmʌnθ]
em dois meses	**in two months**	[ɪn ˌtuː ˈmʌnθs]
todo o mês	**the whole month**	[ðə ˌhəʊl ˈmʌnθ]
um mês inteiro	**all month long**	[ɔːl ˈmʌnθ ˌlɒŋ]
mensal (adj)	**monthly**	[ˈmʌnθlɪ]
mensalmente	**monthly**	[ˈmʌnθlɪ]
todo mês	**every month**	[ˌevrɪ ˈmʌnθ]
duas vezes por mês	**twice a month**	[ˌtwaɪs ə ˈmʌnθ]
ano (m)	**year**	[jɪə(r)]
este ano	**this year**	[ðɪs jɪə(r)]
ano que vem	**next year**	[ˌnekst ˈjɪə(r)]
no ano passado	**last year**	[ˌlɑːst ˈjɪə(r)]
há um ano	**a year ago**	[ə ˌjɪərəˈɡəʊ]
em um ano	**in a year**	[ɪn ə ˈjɪə(r)]
dentro de dois anos	**in two years**	[ɪn ˌtuː ˈjɪəz]
todo o ano	**the whole year**	[ðə ˌhəʊl ˈjɪə(r)]
um ano inteiro	**all year long**	[ɔːl ˈjɪə ˌlɒŋ]
cada ano	**every year**	[ˌevrɪ ˈjɪə(r)]
anual (adj)	**annual**	[ˈænjʊəl]
anualmente	**annually**	[ˈænjʊəlɪ]
quatro vezes por ano	**4 times a year**	[fɔː taɪmz əˌjɪər]
data (~ de hoje)	**date**	[deɪt]
data (ex. ~ de nascimento)	**date**	[deɪt]
calendário (m)	**calendar**	[ˈkælɪndə(r)]
meio ano	**half a year**	[ˌhɑːf ə ˈjɪə(r)]
seis meses	**six months**	[sɪks mʌnθs]
estação (f)	**season**	[ˈsiːzən]

VIAGENS. HOTEL

20. Viagens

turismo (m)	tourism, travel	['tʊərɪzəm], ['trævəl]
turista (m)	tourist	['tʊərɪst]
viagem (f)	trip	[trɪp]
aventura (f)	adventure	[əd'ventʃə(r)]
percurso (curta viagem)	trip, journey	[trɪp], ['dʒɜːnɪ]
férias (f pl)	vacation	[və'keɪʃən]
estar de férias	to be on vacation	[tə bi ɒn və'keɪʃən]
descanso (m)	rest	[rest]
trem (m)	train	[treɪn]
de trem (chegar ~)	by train	[baɪ treɪn]
avião (m)	airplane	['eəpleɪn]
de avião	by airplane	[baɪ 'eəpleɪn]
de carro	by car	[baɪ kɑː(r)]
de navio	by ship	[baɪ ʃɪp]
bagagem (f)	luggage	['lʌgɪdʒ]
mala (f)	suitcase	['suːtkeɪs]
carrinho (m)	luggage cart	['lʌgɪdʒ kɑːt]
passaporte (m)	passport	['pɑːspɔːt]
visto (m)	visa	['viːzə]
passagem (f)	ticket	['tɪkɪt]
passagem (f) aérea	air ticket	['eə 'tɪkɪt]
guia (m) de viagem	guidebook	['gaɪdbʊk]
mapa (m)	map	[mæp]
área (f)	area	['eərɪə]
lugar (m)	place, site	[pleɪs], [saɪt]
exotismo (m)	exotica	[ɪg'zɒtɪkə]
exótico (adj)	exotic	[ɪg'zɒtɪk]
surpreendente (adj)	amazing	[ə'meɪzɪŋ]
grupo (m)	group	[gruːp]
excursão (f)	excursion	[ɪk'skɜːʃən]
guia (m)	guide	[gaɪd]

21. Hotel

hotel (m)	hotel	[həʊ'tel]
motel (m)	motel	[məʊ'tel]
três estrelas	three-star	[θriː stɑː(r)]

| cinco estrelas | five-star | [ˌfaɪv ˈstɑ:(r)] |
| ficar (vi, vt) | to stay (vi) | [tə steɪ] |

quarto (m)	room	[ru:m]
quarto (m) individual	single room	[ˈsɪŋgəl ru:m]
quarto (m) duplo	double room	[ˈdʌbəl ru:m]
reservar um quarto	to book a room	[tə bʊk ə ru:m]

| meia pensão (f) | half board | [hɑ:f bɔ:d] |
| pensão (f) completa | full board | [fʊl bɔ:d] |

com banheira	with bath	[wɪð bɑ:θ]
com chuveiro	with shower	[wɪð ˈʃaʊə(r)]
televisão (m) por satélite	satellite television	[ˈsætəlaɪt ˈtelɪˌvɪʒən]
ar (m) condicionado	air-conditioner	[eə kənˈdɪʃənə]
toalha (f)	towel	[ˈtaʊəl]
chave (f)	key	[ki:]

administrador (m)	administrator	[ədˈmɪnɪstreɪtə(r)]
camareira (f)	chambermaid	[ˈtʃeɪmbəˌmeɪd]
bagageiro (m)	porter, bellboy	[ˈpɔ:tə(r)], [ˈbelbɔɪ]
porteiro (m)	doorman	[ˈdɔ:mən]

restaurante (m)	restaurant	[ˈrestrɒnt]
bar (m)	pub, bar	[pʌb], [bɑ:(r)]
café (m) da manhã	breakfast	[ˈbrekfəst]
jantar (m)	dinner	[ˈdɪnə(r)]
bufê (m)	buffet	[bəˈfeɪ]

elevador (m)	elevator	[ˈelɪveɪtə(r)]
NÃO PERTURBE	DO NOT DISTURB	[du nɒt dɪˈstɜ:b]
PROIBIDO FUMAR!	NO SMOKING	[nəʊ ˈsməʊkɪŋ]

22. Turismo

monumento (m)	monument	[ˈmɒnjʊmənt]
fortaleza (f)	fortress	[ˈfɔ:trɪs]
palácio (m)	palace	[ˈpælɪs]
castelo (m)	castle	[ˈkɑ:səl]
torre (f)	tower	[ˈtaʊə(r)]
mausoléu (m)	mausoleum	[ˌmɔ:zəˈlɪəm]

arquitetura (f)	architecture	[ˈɑ:kɪtektʃə(r)]
medieval (adj)	medieval	[ˌmedɪˈi:vəl]
antigo (adj)	ancient	[ˈeɪnʃənt]
nacional (adj)	national	[ˈnæʃənəl]
famoso, conhecido (adj)	famous	[ˈfeɪməs]

turista (m)	tourist	[ˈtʊərɪst]
guia (pessoa)	guide	[gaɪd]
excursão (f)	excursion	[ɪkˈskɜ:ʃən]
mostrar (vt)	to show (vt)	[tə ʃəʊ]
contar (vt)	to tell (vt)	[tə tel]
encontrar (vt)	to find (vt)	[tə faɪnd]

perder-se (vr)	**to get lost**	[tə get lɒst]
mapa (~ do metrô)	**map**	[mæp]
mapa (~ da cidade)	**map**	[mæp]

lembrança (f), presente (m)	**souvenir, gift**	[ˌsuːvəˈnɪə], [gɪft]
loja (f) de presentes	**gift shop**	[ˈgɪftˌʃɒp]
tirar fotos, fotografar	**to take pictures**	[tə ˌteɪk ˈpɪktʃəz]

TRANSPORTES

23. Aeroporto

aeroporto (m)	airport	['eəpɔːt]
avião (m)	airplane	['eəpleɪn]
companhia (f) aérea	airline	['eəlaɪn]
controlador (m) de tráfego aéreo	air traffic controller	['eə 'træfɪk kən'trəʊlə]

partida (f)	departure	[dɪ'pɑːʧə(r)]
chegada (f)	arrival	[ə'raɪvəl]
chegar (vi)	to arrive (vi)	[tə ə'raɪv]

hora (f) de partida	departure time	[dɪ'pɑːʧə ˌtaɪm]
hora (f) de chegada	arrival time	[ə'raɪvəl taɪm]

estar atrasado	to be delayed	[tə bi dɪ'leɪd]
atraso (m) de voo	flight delay	[flaɪt dɪ'leɪ]

painel (m) de informação	information board	[ˌɪnfə'meɪʃən bɔːd]
informação (f)	information	[ˌɪnfə'meɪʃən]
anunciar (vt)	to announce (vt)	[tə ə'naʊns]
voo (m)	flight	[flaɪt]
alfândega (f)	customs	['kʌstəmz]
funcionário (m) da alfândega	customs officer	['kʌstəmz 'ɒfɪsə(r)]

declaração (f) alfandegária	customs declaration	['kʌstəmz ˌdeklə'reɪʃən]
preencher (vt)	to fill out (vt)	[tə fɪl 'aʊt]
preencher a declaração	to fill out the declaration	[tə fɪl 'aʊt ðə ˌdeklə'reɪʃən]
controle (m) de passaporte	passport control	['pɑːspɔːt kən'trəʊl]

bagagem (f)	luggage	['lʌgɪʤ]
bagagem (f) de mão	hand luggage	['hændˌlʌgɪʤ]
carrinho (m)	luggage cart	['lʌgɪʤ kɑːt]

pouso (m)	landing	['lændɪŋ]
pista (f) de pouso	landing strip	['lændɪŋ strɪp]
aterrissar (vi)	to land (vi)	[tə lænd]
escada (f) de avião	airstairs	[eə'steəz]

check-in (m)	check-in	['ʧek ɪn]
balcão (m) do check-in	check-in counter	[ʧek-'ɪn 'kaʊntə(r)]
fazer o check-in	to check-in (vi)	[tə ʧek ɪn]
cartão (m) de embarque	boarding pass	['bɔːdɪŋ pɑːs]
portão (m) de embarque	departure gate	[dɪ'pɑːʧə ˌgeɪt]

trânsito (m)	transit	['trænsɪt]
esperar (vi, vt)	to wait (vt)	[tə weɪt]
sala (f) de espera	departure lounge	[dɪ'pɑːʧə laʊnʤ]

24. Avião

avião (m)	airplane	['eəpleɪn]
passagem (f) aérea	air ticket	['eə 'tɪkɪt]
companhia (f) aérea	airline	['eəlaɪn]
aeroporto (m)	airport	['eəpɔ:t]
supersônico (adj)	supersonic	[ˌsu:pə'sɒnɪk]
comandante (m) do avião	captain	['kæptɪn]
tripulação (f)	crew	[kru:]
piloto (m)	pilot	['paɪlət]
aeromoça (f)	flight attendant	[ˌflaɪt ə'tendənt]
copiloto (m)	navigator	['nævɪgeɪtə(r)]
asas (f pl)	wings	[wɪŋz]
cauda (f)	tail	[teɪl]
cabine (f)	cockpit	['kɒkpɪt]
motor (m)	engine	['endʒɪn]
trem (m) de pouso	landing gear	['lændɪŋ gɪə(r)]
turbina (f)	turbine	['tɜ:baɪn]
hélice (f)	propeller	[prə'pelə(r)]
caixa-preta (f)	black box	[blæk bɒks]
coluna (f) de controle	yoke, control column	[jəʊk], [kən'trəʊl 'kɒləm]
combustível (m)	fuel	[fjʊəl]
instruções (f pl) de segurança	safety card	['seɪftɪ kɑ:d]
máscara (f) de oxigênio	oxygen mask	['ɒksɪdʒən mɑ:sk]
uniforme (m)	uniform	['junɪfɔ:m]
colete (m) salva-vidas	life vest	['laɪf vest]
paraquedas (m)	parachute	['pærəʃu:t]
decolagem (f)	takeoff	['teɪkɒf]
descolar (vi)	to take off (vi)	[tə teɪk ɒf]
pista (f) de decolagem	runway	['rʌnˌweɪ]
visibilidade (f)	visibility	[ˌvɪzɪ'bɪlɪtɪ]
voo (m)	flight	[flaɪt]
altura (f)	altitude	['æltɪtju:d]
poço (m) de ar	air pocket	[eə 'pɒkɪt]
assento (m)	seat	[si:t]
fone (m) de ouvido	headphones	['hedfəʊnz]
mesa (f) retrátil	folding tray	['fəʊldɪŋ treɪ]
janela (f)	window	['wɪndəʊ]
corredor (m)	aisle	[aɪl]

25. Comboio

trem (m)	train	[treɪn]
trem (m) elétrico	commuter train	[kə'mju:tə(r) treɪn]
trem (m)	express train	[ɪk'spres treɪn]
locomotiva (f) diesel	diesel locomotive	['di:zəl ˌləʊkə'məʊtɪv]

locomotiva (f) a vapor	steam locomotive	[sti:m ˌləʊkə'məʊtɪv]
vagão (f) de passageiros	passenger car	['pæsɪndʒə kɑ:(r)]
vagão-restaurante (m)	dining car	['daɪnɪŋ kɑ:]
carris (m pl)	rails	[reɪlz]
estrada (f) de ferro	railroad	['reɪlrəʊd]
travessa (f)	railway tie	['reɪlweɪ taɪ]
plataforma (f)	platform	['plætfɔ:m]
linha (f)	track	[træk]
semáforo (m)	semaphore	['seməfɔ:(r)]
estação (f)	station	['steɪʃən]
maquinista (m)	engineer	[ˌendʒɪ'nɪə(r)]
bagageiro (m)	porter	['pɔ:tə(r)]
hospedeiro, -a (m, f)	car attendant	[kɑ:(r) ə'tendənt]
passageiro (m)	passenger	['pæsɪndʒə(r)]
revisor (m)	conductor	[kən'dʌktə(r)]
corredor (m)	corridor	['kɒrɪˌdɔ:(r)]
freio (m) de emergência	emergency brake	[ɪ'mɜ:dʒənsɪ breɪk]
compartimento (m)	compartment	[kəm'pɑ:tmənt]
cama (f)	berth	[bɜ:θ]
cama (f) de cima	upper berth	['ʌpə bɜ:θ]
cama (f) de baixo	lower berth	['ləʊə 'bɜ:θ]
roupa (f) de cama	bed linen, bedding	[bed 'lɪnɪn], ['bedɪŋ]
passagem (f)	ticket	['tɪkɪt]
horário (m)	schedule	['skedʒʊl]
painel (m) de informação	information display	[ˌɪnfə'meɪʃən dɪ'spleɪ]
partir (vt)	to leave, to depart	[tə li:v], [tə dɪ'pɑ:t]
partida (f)	departure	[dɪ'pɑ:tʃə(r)]
chegar (vi)	to arrive (vi)	[tə ə'raɪv]
chegada (f)	arrival	[ə'raɪvəl]
chegar de trem	to arrive by train	[tə ə'raɪv baɪ treɪn]
pegar o trem	to get on the train	[tə ˌget ɒn ðə 'treɪn]
descer de trem	to get off the train	[tə ˌget əv ðə 'treɪn]
acidente (m) ferroviário	train wreck	[treɪn rek]
descarrilar (vi)	to derail (vi)	[tə dɪ'reɪl]
locomotiva (f) a vapor	steam locomotive	[sti:m ˌləʊkə'məʊtɪv]
foguista (m)	stoker, fireman	['stəʊkə], ['faɪəmən]
fornalha (f)	firebox	['faɪəbɒks]
carvão (m)	coal	[kəʊl]

26. Barco

navio (m)	ship	[ʃip]
embarcação (f)	vessel	['vesəl]
barco (m) a vapor	steamship	['sti:mʃɪp]

barco (m) fluvial	riverboat	['rɪvəˌbəʊt]
transatlântico (m)	cruise ship	[kruːz ʃɪp]
cruzeiro (m)	cruiser	['kruːzə(r)]

iate (m)	yacht	[jɒt]
rebocador (m)	tugboat	['tʌgbəʊt]
barcaça (f)	barge	[bɑːdʒ]
ferry (m)	ferry	['ferɪ]

veleiro (m)	sailing ship	['seɪlɪŋ ʃɪp]
bergantim (m)	brigantine	['brɪgəntiːn]

quebra-gelo (m)	ice breaker	['aɪsˌbreɪkə(r)]
submarino (m)	submarine	[ˌsʌbməˈriːn]

bote, barco (m)	boat	[bəʊt]
baleeira (bote salva-vidas)	dinghy	['dɪŋgɪ]
bote (m) salva-vidas	lifeboat	['laɪfbəʊt]
lancha (f)	motorboat	['məʊtəbəʊt]

capitão (m)	captain	['kæptɪn]
marinheiro (m)	seaman	['siːmən]
marujo (m)	sailor	['seɪlə(r)]
tripulação (f)	crew	[kruː]

contramestre (m)	boatswain	['bəʊsən]
grumete (m)	ship's boy	[ʃɪps bɔɪ]
cozinheiro (m) de bordo	cook	[kʊk]
médico (m) de bordo	ship's doctor	[ʃɪps 'dɒktə(r)]

convés (m)	deck	[dek]
mastro (m)	mast	[mɑːst]
vela (f)	sail	[seɪl]

porão (m)	hold	[həʊld]
proa (f)	bow	[baʊ]
popa (f)	stern	[stɜːn]
remo (m)	oar	[ɔː(r)]
hélice (f)	propeller	[prə'pelə(r)]

cabine (m)	cabin	['kæbɪn]
sala (f) dos oficiais	wardroom	['wɔːdrʊm]
sala (f) das máquinas	engine room	['endʒɪn ˌruːm]
ponte (m) de comando	bridge	[brɪdʒ]
sala (f) de comunicações	radio room	['reɪdɪəʊ rʊm]
onda (f)	wave	[weɪv]
diário (m) de bordo	logbook	['lɒgbʊk]

luneta (f)	spyglass	['spaɪglɑːs]
sino (m)	bell	[bel]
bandeira (f)	flag	[flæg]

cabo (m)	hawser	['hɔːzə(r)]
nó (m)	knot	[nɒt]
corrimão (m)	deckrails	['dekreɪlz]
prancha (f) de embarque	gangway	['gæŋweɪ]

âncora (f)	anchor	['æŋkə(r)]
recolher a âncora	to weigh anchor	[tə weɪ 'æŋkə(r)]
jogar a âncora	to drop anchor	[tə drɒp 'æŋkə(r)]
amarra (corrente de âncora)	anchor chain	['æŋkə ˌtʃeɪn]

porto (m)	port	[pɔ:t]
cais, amarradouro (m)	quay, wharf	[ki:], [wɔ:f]
atracar (vi)	to berth, to moor	[tə bɜ:θ], [tə mɔ:(r)]
desatracar (vi)	to cast off	[tə kɑ:st ɒf]

viagem (f)	trip	[trɪp]
cruzeiro (m)	cruise	[kru:z]
rumo (m)	course	[kɔ:s]
itinerário (m)	route	[raʊt]

canal (m) de navegação	fairway	['feəweɪ]
banco (m) de areia	shallows	['ʃæləʊz]
encalhar (vt)	to run aground	[tə rʌn ə'graʊnd]

tempestade (f)	storm	[stɔ:m]
sinal (m)	signal	['sɪgnəl]
afundar-se (vr)	to sink (vi)	[tə sɪŋk]
Homem ao mar!	Man overboard!	[ˌmæn 'əʊvəbɔ:d]
SOS	SOS	[ˌesəʊ'es]
boia (f) salva-vidas	ring buoy	[rɪŋ bɔɪ]

CIDADE

27. Transportes urbanos

ônibus (m)	bus	[bʌs]
bonde (m) elétrico	streetcar	['stri:tkɑ:(r)]
trólebus (m)	trolley bus	['trɒlɪbʌs]
rota (f), itinerário (m)	route	[raʊt]
número (m)	number	['nʌmbə(r)]
ir de … (carro, etc.)	to go by …	[tə gəʊ baɪ]
entrar no …	to get on	[tə get ɒn]
descer do …	to get off …	[tə get ɒf]
parada (f)	stop	[stɒp]
próxima parada (f)	next stop	[ˌnekst 'stɒp]
terminal (m)	terminus	['tɜ:mɪnəs]
horário (m)	schedule	['skedʒʊl]
esperar (vt)	to wait (vt)	[tə weɪt]
passagem (f)	ticket	['tɪkɪt]
tarifa (f)	fare	[feə(r)]
bilheteiro (m)	cashier	[kæ'ʃɪə(r)]
controle (m) de passagens	ticket inspection	['tɪkɪt ɪn'spekʃən]
revisor (m)	ticket inspector	['tɪkɪt ɪn'spektə(r)]
atrasar-se (vr)	to be late	[tə bi 'leɪt]
estar com pressa	to be in a hurry	[tə bi ɪn ə 'hʌrɪ]
táxi (m)	taxi, cab	['tæksɪ], [kæb]
taxista (m)	taxi driver	['tæksɪ 'draɪvə(r)]
de táxi (ir ~)	by taxi	[baɪ 'tæksɪ]
ponto (m) de táxis	taxi stand	['tæksɪ stænd]
chamar um táxi	to call a taxi	[tə kɔ:l ə 'tæksɪ]
pegar um táxi	to take a taxi	[tə ˌteɪk ə 'tæksɪ]
tráfego (m)	traffic	['træfɪk]
engarrafamento (m)	traffic jam	['træfɪk dʒæm]
horas (f pl) de pico	rush hour	['rʌʃ ˌaʊə(r)]
estacionar (vi)	to park (vi)	[tə pɑ:k]
estacionar (vt)	to park (vt)	[tə pɑ:k]
parque (m) de estacionamento	parking lot	['pɑ:kɪŋ lɒt]
metrô (m)	subway	['sʌbweɪ]
estação (f)	station	['steɪʃən]
ir de metrô	to take the subway	[tə ˌteɪk ðə 'sʌbweɪ]
trem (m)	train	[treɪn]
estação (f) de trem	train station	[treɪn 'steɪʃən]

28. Cidade. Vida na cidade

cidade (f)	city, town	['sɪtɪ], [taʊn]
capital (f)	capital	['kæpɪtəl]
aldeia (f)	village	['vɪlɪdʒ]

mapa (m) da cidade	city map	['sɪtɪˌmæp]
centro (m) da cidade	downtown	['daʊnˌtaʊn]
subúrbio (m)	suburb	['sʌbɜːb]
suburbano (adj)	suburban	[sə'bɜːbən]

periferia (f)	outskirts	['aʊtskɜːts]
arredores (m pl)	environs	[ɪn'vaɪərənz]
quarteirão (m)	city block	['sɪtɪ blɒk]
quarteirão (m) residencial	residential block	[ˌrezɪ'denʃəl blɒk]

tráfego (m)	traffic	['træfɪk]
semáforo (m)	traffic lights	['træfɪk laɪts]
transporte (m) público	public transportation	['pʌblɪk ˌtrænspɔː'teɪʃən]
cruzamento (m)	intersection	[ˌɪntə'sekʃən]

faixa (f)	crosswalk	['krɒswɔːk]
túnel (m) subterrâneo	pedestrian underpass	[pɪ'destrɪən 'ʌndəpɑːs]
cruzar, atravessar (vt)	to cross (vt)	[tə krɒs]
pedestre (m)	pedestrian	[pɪ'destrɪən]
calçada (f)	sidewalk	['saɪdwɔːk]

ponte (f)	bridge	[brɪdʒ]
margem (f) do rio	embankment	[ɪm'bæŋkmənt]

alameda (f)	allée	[ale]
parque (m)	park	[pɑːk]
bulevar (m)	boulevard	['buːləvɑːd]
praça (f)	square	[skweə(r)]
avenida (f)	avenue	['ævənjuː]
rua (f)	street	[striːt]
travessa (f)	side street	[saɪd striːt]
beco (m) sem saída	dead end	[ˌded 'end]

casa (f)	house	[haʊs]
edifício, prédio (m)	building	['bɪldɪŋ]
arranha-céu (m)	skyscraper	['skaɪˌskreɪpə(r)]

fachada (f)	facade	[fə'sɑːd]
telhado (m)	roof	[ruːf]
janela (f)	window	['wɪndəʊ]
arco (m)	arch	[ɑːtʃ]
coluna (f)	column	['kɒləm]
esquina (f)	corner	['kɔːnə(r)]

vitrine (f)	store window	['stɔː ˌwɪndəʊ]
letreiro (m)	signboard	['saɪnbɔːd]
cartaz (do filme, etc.)	poster	['pəʊstə(r)]
cartaz (m) publicitário	advertising poster	['ædvətaɪzɪŋ 'pəʊstə(r)]
painel (m) publicitário	billboard	['bɪlbɔːd]

lixo (m)	garbage, trash	['gɑ:bɪdʒ], ['træʃ]
lata (f) de lixo	trash can	['træʃkæn]
jogar lixo na rua	to litter (vi)	[tə 'lɪtə(r)]
aterro (m) sanitário	garbage dump	['gɑ:bɪdʒ dʌmp]

orelhão (m)	phone booth	['fəʊn ˌbu:ð]
poste (m) de luz	street light	['stri:t laɪt]
banco (m)	bench	[benʧ]

polícia (m)	police officer	[pə'li:s 'ɒfɪsə(r)]
polícia (instituição)	police	[pə'li:s]
mendigo, pedinte (m)	beggar	['begə(r)]
desabrigado (m)	homeless	['həʊmlɪs]

29. Instituições urbanas

loja (f)	store	[stɔː(r)]
drogaria (f)	drugstore, pharmacy	['drʌgstɔː(r)], ['fɑːməsɪ]
ótica (f)	eyeglass store	['aɪglɑːs stɔː(r)]
centro (m) comercial	shopping mall	['ʃɒpɪŋ mɔːl]
supermercado (m)	supermarket	['su:pəˌmɑːkɪt]

padaria (f)	bakery	['beɪkərɪ]
padeiro (m)	baker	['beɪkə(r)]
pastelaria (f)	pastry shop	['peɪstrɪ ʃɒp]
mercearia (f)	grocery store	['grəʊsərɪ stɔː(r)]
açougue (m)	butcher shop	['bʊʧəzʃɒp]

| fruteira (f) | produce store | ['prɒdjuːs stɔː] |
| mercado (m) | market | ['mɑːkɪt] |

cafeteria (f)	coffee house	['kɒfɪ ˌhaʊs]
restaurante (m)	restaurant	['restrɒnt]
bar (m)	pub, bar	[pʌb], [bɑː(r)]
pizzaria (f)	pizzeria	[ˌpiːtsə'rɪə]

salão (m) de cabeleireiro	hair salon	['heə 'sælɒn]
agência (f) dos correios	post office	[pəʊst 'ɒfɪs]
lavanderia (f)	dry cleaners	[ˌdraɪ 'kliːnəz]
estúdio (m) fotográfico	photo studio	['fəʊtəʊ 'stjuːdɪəʊ]

sapataria (f)	shoe store	['ʃuː stɔː(r)]
livraria (f)	bookstore	['bʊkstɔː(r)]
loja (f) de artigos esportivos	sporting goods store	['spɔːtɪŋ gʊdz stɔː(r)]

costureira (m)	clothes repair shop	[kləʊðz rɪ'peə(r) ʃɒp]
aluguel (m) de roupa	formal wear rental	['fɔːməl weə 'rentəl]
videolocadora (f)	video rental store	['vɪdɪəʊ 'rentəl stɔː]

circo (m)	circus	['sɜːkəs]
jardim (m) zoológico	zoo	[zuː]
cinema (m)	movie theater	['muːvɪ 'θɪətə(r)]
museu (m)	museum	[mjuː'ziːəm]
biblioteca (f)	library	['laɪbrərɪ]

teatro (m)	theater	['θɪətə(r)]
ópera (f)	opera	['ɒpərə]
boate (casa noturna)	nightclub	[naɪt klʌb]
cassino (m)	casino	[kə'siːnəʊ]

mesquita (f)	mosque	[mɒsk]
sinagoga (f)	synagogue	['sɪnəgɒg]
catedral (f)	cathedral	[kə'θiːdrəl]
templo (m)	temple	['tempəl]
igreja (f)	church	[tʃɜːtʃ]

faculdade (f)	college	['kɒlɪdʒ]
universidade (f)	university	[ˌjuːnɪ'vɜːsətɪ]
escola (f)	school	[skuːl]

prefeitura (f)	prefecture	['priːfekˌtjʊə(r)]
câmara (f) municipal	city hall	['sɪtɪ ˌhɔːl]
hotel (m)	hotel	[həʊ'tel]
banco (m)	bank	[bæŋk]

embaixada (f)	embassy	['embəsɪ]
agência (f) de viagens	travel agency	['trævəl 'eɪdʒənsɪ]
agência (f) de informações	information office	[ˌɪnfə'meɪʃən 'ɒfɪs]
casa (f) de câmbio	currency exchange	['kʌrənsɪ ɪks'tʃeɪndʒ]

metrô (m)	subway	['sʌbweɪ]
hospital (m)	hospital	['hɒspɪtəl]

posto (m) de gasolina	gas station	[gæs 'steɪʃən]
parque (m) de estacionamento	parking lot	['pɑːkɪŋ lɒt]

30. Sinais

letreiro (m)	signboard	['saɪnbɔːd]
aviso (m)	notice	['nəʊtɪs]
cartaz, pôster (m)	poster	['pəʊstə(r)]
placa (f) de direção	direction sign	[dɪ'rekʃən saɪn]
seta (f)	arrow	['ærəʊ]

aviso (advertência)	caution	['kɔːʃən]
sinal (m) de aviso	warning sign	['wɔːnɪŋ saɪn]
avisar, advertir (vt)	to warn (vt)	[tə wɔːn]

dia (m) de folga	rest day	[rest deɪ]
horário (~ dos trens, etc.)	timetable	['taɪmˌteɪbəl]
horário (m)	opening hours	['əʊpənɪŋ ˌaʊəz]

BEM-VINDOS!	WELCOME!	['welkəm]
ENTRADA	ENTRANCE	['entrəns]
SAÍDA	EXIT	['eksɪt]

EMPURRE	PUSH	[pʊʃ]
PUXE	PULL	[pʊl]
ABERTO	OPEN	['əʊpən]

FECHADO	CLOSED	[kləʊzd]
MULHER	WOMEN	['wɪmɪn]
HOMEM	MEN	['men]

DESCONTOS	DISCOUNTS	['dɪskaʊnts]
SALDOS, PROMOÇÃO	SALE	[seɪl]
NOVIDADE!	NEW!	[nju:]
GRÁTIS	FREE	[fri:]

ATENÇÃO!	ATTENTION!	[ə'tenʃən]
NÃO HÁ VAGAS	NO VACANCIES	[nəʊ 'veɪkənsɪz]
RESERVADO	RESERVED	[rɪ'zɜ:vd]

| ADMINISTRAÇÃO | ADMINISTRATION | [ədˌmɪnɪ'streɪʃən] |
| SOMENTE PESSOAL AUTORIZADO | STAFF ONLY | [stɑ:f 'əʊnlɪ] |

CUIDADO CÃO FEROZ	BEWARE OF THE DOG!	[bɪ'weə əv ðə ˌdɒg]
PROIBIDO FUMAR!	NO SMOKING	[nəʊ 'sməʊkɪŋ]
NÃO TOCAR	DO NOT TOUCH!	[də nɒt 'tʌtʃ]

PERIGOSO	DANGEROUS	['deɪndʒərəs]
PERIGO	DANGER	['deɪndʒə(r)]
ALTA TENSÃO	HIGH VOLTAGE	[haɪ 'vəʊltɪdʒ]
PROIBIDO NADAR	NO SWIMMING!	[nəʊ 'swɪmɪŋ]
COM DEFEITO	OUT OF ORDER	[ˌaʊt əv 'ɔ:də(r)]

INFLAMÁVEL	FLAMMABLE	['flæməbəl]
PROIBIDO	FORBIDDEN	[fə'bɪdən]
ENTRADA PROIBIDA	NO TRESPASSING!	[nəʊ 'trespəsɪŋ]
CUIDADO TINTA FRESCA	WET PAINT	[wet peɪnt]

31. Compras

comprar (vt)	to buy (vt)	[tə baɪ]
compra (f)	purchase	['pɜ:tʃəs]
fazer compras	to go shopping	[tə gəʊ 'ʃɒpɪŋ]
compras (f pl)	shopping	['ʃɒpɪŋ]

| estar aberta (loja) | to be open | [tə bi 'əʊpən] |
| estar fechada | to be closed | [tə bi kləʊzd] |

calçado (m)	footwear, shoes	['fʊtweə(r)], [ʃu:z]
roupa (f)	clothes, clothing	[kləʊðz], ['kləʊðɪŋ]
cosméticos (m pl)	cosmetics	[kɒz'metɪks]
alimentos (m pl)	food products	[fu:d 'prɒdʌkts]
presente (m)	gift, present	[gɪft], ['prezənt]

| vendedor (m) | salesman | ['seɪlzmən] |
| vendedora (f) | saleswoman | ['seɪlzˌwʊmən] |

caixa (f)	check out, cash desk	[tʃek aʊt], [kæʃ desk]
espelho (m)	mirror	['mɪrə(r)]
balcão (m)	counter	['kaʊntə(r)]

provador (m)	**fitting room**	['fɪtɪŋ ˌrum]
provar (vt)	**to try on** (vt)	[tə ˌtraɪ 'ɒn]
servir (roupa, caber)	**to fit** (vt)	[tə fɪt]
gostar (apreciar)	**to like** (vt)	[tə laɪk]
preço (m)	**price**	[praɪs]
etiqueta (f) de preço	**price tag**	['praɪs tæg]
custar (vt)	**to cost** (vt)	[tə kɒst]
Quanto?	**How much?**	[ˌhaʊ 'mʌtʃ]
desconto (m)	**discount**	['dɪskaʊnt]
não caro (adj)	**inexpensive**	[ˌɪnɪk'spensɪv]
barato (adj)	**cheap**	[tʃiːp]
caro (adj)	**expensive**	[ɪk'spensɪv]
É caro	**It's expensive**	[ɪts ɪk'spensɪv]
aluguel (m)	**rental**	['rentəl]
alugar (roupas, etc.)	**to rent** (vt)	[tə rent]
crédito (m)	**credit**	['kredɪt]
a crédito	**on credit**	[ɒn 'kredɪt]

VESTUÁRIO & ACESSÓRIOS

32. Roupa exterior. Casacos

roupa (f)	clothes	[kləʊðz]
roupa (f) exterior	outerwear	['aʊtəweə(r)]
roupa (f) de inverno	winter clothing	['wɪntə 'kləʊðɪŋ]
sobretudo (m)	coat, overcoat	[kəʊt], ['əʊvəkəʊt]
casaco (m) de pele	fur coat	['fɜː‚kəʊt]
jaqueta (f) de pele	fur jacket	['fɜː 'dʒækɪt]
casaco (m) acolchoado	down coat	['daʊn ‚kəʊt]
casaco (m), jaqueta (f)	jacket	['dʒækɪt]
impermeável (m)	raincoat	['reɪnkəʊt]
a prova d'água	waterproof	['wɔːtəpruːf]

33. Vestuário de homem & mulher

camisa (f)	shirt	[ʃɜːt]
calça (f)	pants	[pænts]
jeans (m)	jeans	[dʒiːnz]
paletó, terno (m)	jacket	['dʒækɪt]
terno (m)	suit	[suːt]
vestido (ex. ~ de noiva)	dress	[dres]
saia (f)	skirt	[skɜːt]
blusa (f)	blouse	[blaʊz]
casaco (m) de malha	knitted jacket	['nɪtɪd 'dʒækɪt]
casaco, blazer (m)	jacket	['dʒækɪt]
camiseta (f)	T-shirt	['tiː‚ʃɜːt]
short (m)	shorts	[ʃɔːts]
training (m)	tracksuit	['træksuːt]
roupão (m) de banho	bathrobe	['bɑːθrəʊb]
pijama (m)	pajamas	[pə'dʒɑːməz]
suéter (m)	sweater	['swetə(r)]
pulôver (m)	pullover	['pʊl‚əʊvə(r)]
colete (m)	vest	[vest]
fraque (m)	tailcoat	[‚teɪl'kəʊt]
smoking (m)	tuxedo	[tʌk'siːdəʊ]
uniforme (m)	uniform	['juːnɪfɔːm]
roupa (f) de trabalho	workwear	[wɜːkweə(r)]
macacão (m)	overalls	['əʊvərɔːlz]
jaleco (m), bata (f)	coat	[kəʊt]

34. Vestuário. Roupa interior

roupa (f) íntima	underwear	['ʌndəweə(r)]
camiseta (f)	undershirt	['ʌndəʃɜːt]
meias (f pl)	socks	[sɒks]

camisola (f)	nightdress	['naɪtdres]
sutiã (m)	bra	[brɑː]
meias longas (f pl)	knee highs	['niː ˌhaɪs]
meias-calças (f pl)	pantyhose	['pæntɪhəʊz]
meias (~ de nylon)	stockings	['stɒkɪŋz]
maiô (m)	bathing suit	['beɪðɪŋ suːt]

35. Adereços de cabeça

chapéu (m), touca (f)	hat	[hæt]
chapéu (m) de feltro	fedora	[fɪ'dɔːrə]
boné (m) de beisebol	baseball cap	['beɪsbɔːl kæp]
boina (~ italiana)	flatcap	[flæt kæp]

boina (ex. ~ basca)	beret	['bereɪ]
capuz (m)	hood	[hʊd]
chapéu panamá (m)	panama	['pænəmɑː]
touca (f)	knit cap, knitted hat	[nɪt kæp], ['nɪtɪdˌhæt]

| lenço (m) | headscarf | ['hedskɑːf] |
| chapéu (m) feminino | women's hat | ['wɪmɪns hæt] |

capacete (m) de proteção	hard hat	[hɑːd hæt]
bibico (m)	garrison cap	['gærɪsən kæp]
capacete (m)	helmet	['helmɪt]

| chapéu-coco (m) | derby | ['dɜːbɪ] |
| cartola (f) | top hat | [tɒp hæt] |

36. Calçado

calçado (m)	footwear	['fʊtweə(r)]
botinas (f pl), sapatos (m pl)	shoes	[ʃuːz]
sapatos (de salto alto, etc.)	shoes	[ʃuːz]
botas (f pl)	boots	[buːts]
pantufas (f pl)	slippers	['slɪpəz]

tênis (~ Nike, etc.)	tennis shoes	['tenɪsʃuːz]
tênis (~ Converse)	sneakers	['sniːkəz]
sandálias (f pl)	sandals	['sændəlz]

sapateiro (m)	cobbler, shoe repairer	['kɒblə(r)], [ʃuː rɪ'peərə(r)]
salto (m)	heel	[hiːl]
par (m)	pair	[peə(r)]
cadarço (m)	shoestring	['ʃuːstrɪŋ]

amarrar os cadarços	to lace (vt)	[tə leɪs]
calçadeira (f)	shoehorn	[ˈʃuːhɔːn]
graxa (f) para calçado	shoe polish	[ʃuː ˈpɒlɪʃ]

37. Acessórios pessoais

luva (f)	gloves	[glʌvz]
mitenes (f pl)	mittens	[ˈmɪtənz]
cachecol (m)	scarf	[skɑːf]

óculos (m pl)	glasses	[glɑːsɪz]
armação (f)	frame	[freɪm]
guarda-chuva (m)	umbrella	[ʌmˈbrelə]
bengala (f)	walking stick	[ˈwɔːkɪŋ stɪk]
escova (f) para o cabelo	hairbrush	[ˈheəbrʌʃ]
leque (m)	fan	[fæn]

gravata (f)	tie	[taɪ]
gravata-borboleta (f)	bow tie	[bəʊ taɪ]
suspensórios (m pl)	suspenders	[səˈspendəz]
lenço (m)	handkerchief	[ˈhæŋkətʃɪf]

pente (m)	comb	[kəʊm]
fivela (f) para cabelo	barrette	[bəˈret]
grampo (m)	hairpin	[ˈheəpɪn]
fivela (f)	buckle	[ˈbʌkəl]

| cinto (m) | belt | [belt] |
| alça (f) de ombro | shoulder strap | [ˈʃəʊldə stræp] |

bolsa (f)	bag	[bæg]
bolsa (feminina)	purse	[pɜːs]
mochila (f)	backpack	[ˈbækpæk]

38. Vestuário. Diversos

moda (f)	fashion	[ˈfæʃən]
na moda (adj)	in vogue	[ɪn vəʊg]
estilista (m)	fashion designer	[ˈfæʃən dɪˈzaɪnə(r)]

colarinho (m)	collar	[ˈkɒlə(r)]
bolso (m)	pocket	[ˈpɒkɪt]
de bolso	pocket	[ˈpɒkɪt]
manga (f)	sleeve	[sliːv]
ganchinho (m)	hanging loop	[ˈhæŋɪŋ luːp]
bragueta (f)	fly	[flaɪ]

zíper (m)	zipper	[ˈzɪpə(r)]
colchete (m)	fastener	[ˈfɑːsənə(r)]
botão (m)	button	[ˈbʌtən]
botoeira (casa de botão)	buttonhole	[ˈbʌtənhəʊl]
soltar-se (vr)	to come off	[tə kʌm ɒf]

costurar (vi)	to sew (vi, vt)	[tə səʊ]
bordar (vt)	to embroider (vi, vt)	[tə ɪm'brɔɪdə(r)]
bordado (m)	embroidery	[ɪm'brɔɪdərɪ]
agulha (f)	sewing needle	['səʊɪŋ 'ni:dəl]
fio, linha (f)	thread	[θred]
costura (f)	seam	[si:m]

sujar-se (vr)	to get dirty (vi)	[tə get 'dɜ:tɪ]
mancha (f)	stain	[steɪn]
amarrotar-se (vr)	to crease, crumple (vi)	[tə kri:s], ['krʌmpəl]
rasgar (vt)	to tear, to rip (vt)	[tə teər], [tə rɪp]
traça (f)	clothes moth	[kləʊðz mɒθ]

39. Cuidados pessoais. Cosméticos

pasta (f) de dente	toothpaste	['tu:θpeɪst]
escova (f) de dente	toothbrush	['tu:θbrʌʃ]
escovar os dentes	to brush one's teeth	[tə brʌʃ wʌns 'ti:θ]

gilete (f)	razor	['reɪzə(r)]
creme (m) de barbear	shaving cream	['ʃeɪvɪŋ ˌkri:m]
barbear-se (vr)	to shave (vi)	[tə ʃeɪv]

sabonete (m)	soap	[səʊp]
xampu (m)	shampoo	[ʃæm'pu:]

tesoura (f)	scissors	['sɪzəz]
lixa (f) de unhas	nail file	['neɪl ˌfaɪl]
corta-unhas (m)	nail clippers	[neɪl 'klɪpərz]
pinça (f)	tweezers	['twi:zəz]

cosméticos (m pl)	cosmetics	[kɒz'metɪks]
máscara (f)	facial mask	['feɪʃəl mɑ:sk]
manicure (f)	manicure	['mænɪˌkjʊə(r)]
fazer as unhas	to have a manicure	[tə hævə 'mænɪˌkjʊə]
pedicure (f)	pedicure	['pedɪˌkjʊə(r)]

bolsa (f) de maquiagem	make-up bag	['meɪk ʌp ˌbæg]
pó (de arroz)	face powder	[feɪs 'paʊdə(r)]
pó (m) compacto	powder compact	['paʊdə 'kɒmpækt]
blush (m)	blusher	['blʌʃə(r)]

perfume (m)	perfume	['pɜ:fju:m]
água-de-colônia (f)	toilet water	['tɔɪlɪt 'wɔ:tə(r)]
loção (f)	lotion	['ləʊʃən]
colônia (f)	cologne	[kə'ləʊn]

sombra (f) de olhos	eyeshadow	['aɪʃædəʊ]
delineador (m)	eyeliner	['aɪˌlaɪnə(r)]
máscara (f), rímel (m)	mascara	[mæs'kɑ:rə]

batom (m)	lipstick	['lɪpstɪk]
esmalte (m)	nail polish	['neɪl ˌpɒlɪʃ]
laquê (m), spray fixador (m)	hair spray	['heəspreɪ]

desodorante (m)	deodorant	[di:'əʊdərənt]
creme (m)	cream	[kri:m]
creme (m) de rosto	face cream	['feɪs ˌkri:m]
creme (m) de mãos	hand cream	['hændˌkri:m]
creme (m) antirrugas	anti-wrinkle cream	['æntɪ 'rɪŋkəl kri:m]
creme (m) de dia	day cream	['deɪ ˌkri:m]
creme (m) de noite	night cream	['naɪt ˌkri:m]
absorvente (m) interno	tampon	['tæmpɒn]
papel (m) higiênico	toilet paper	['tɔɪlɪt 'peɪpə(r)]
secador (m) de cabelo	hair dryer	['heəˌdraɪə(r)]

40. Relógios de pulso. Relógios

relógio (m) de pulso	watch	[wɒtʃ]
mostrador (m)	dial	['daɪəl]
ponteiro (m)	hand	[hænd]
bracelete (em aço)	bracelet	['breɪslɪt]
bracelete (em couro)	watch strap	[wɒtʃ stræp]
pilha (f)	battery	['bætərɪ]
acabar (vi)	to be dead	[tə bi ded]
trocar a pilha	to change a battery	[tə tʃeɪndʒ ə 'bætərɪ]
estar adiantado	to run fast	[tə rʌn fɑ:st]
estar atrasado	to run slow	[tə rʌn sləʊ]
relógio (m) de parede	wall clock	['wɔ:l ˌklɒk]
ampulheta (f)	hourglass	['aʊəglɑ:s]
relógio (m) de sol	sundial	['sʌndaɪəl]
despertador (m)	alarm clock	[ə'lɑ:m klɒk]
relojoeiro (m)	watchmaker	['wɒtʃˌmeɪkə(r)]
reparar (vt)	to repair (vt)	[tə rɪ'peə(r)]

EXPERIÊNCIA DO QUOTIDIANO

41. Dinheiro

dinheiro (m)	money	['mʌnɪ]
câmbio (m)	currency exchange	['kʌrənsɪ ɪks'tʃeɪndʒ]
taxa (f) de câmbio	exchange rate	[ɪks'tʃeɪndʒ reɪt]
caixa (m) eletrônico	ATM	[ˌeɪti:'em]
moeda (f)	coin	[kɔɪn]
dólar (m)	dollar	['dɒlə(r)]
euro (m)	euro	['jʊərəʊ]
lira (f)	lira	['lɪərə]
marco (m)	Deutschmark	['dɔɪtʃmɑːk]
franco (m)	franc	[fræŋk]
libra (f) esterlina	pound sterling	[paʊnd 'stɜːlɪŋ]
iene (m)	yen	[jen]
dívida (f)	debt	[det]
devedor (m)	debtor	['detə(r)]
emprestar (vt)	to lend (vt)	[tə lend]
pedir emprestado	to borrow (vt)	[tə 'bɒrəʊ]
banco (m)	bank	[bæŋk]
conta (f)	account	[ə'kaʊnt]
depositar (vt)	to deposit (vt)	[tə dɪ'pɒzɪt]
cartão (m) de crédito	credit card	['kredɪt kɑːd]
dinheiro (m) vivo	cash	[kæʃ]
cheque (m)	check	[tʃek]
passar um cheque	to write a check	[tə ˌraɪt ə 'tʃek]
talão (m) de cheques	checkbook	['tʃekˌbʊk]
carteira (f)	wallet	['wɒlɪt]
niqueleira (f)	change purse	[tʃeɪndʒ pɜːs]
cofre (m)	safe	[seɪf]
herdeiro (m)	heir	[eə(r)]
herança (f)	inheritance	[ɪn'herɪtəns]
fortuna (riqueza)	fortune	['fɔːtʃuːn]
arrendamento (m)	lease	[liːs]
aluguel (pagar o ~)	rent	[rent]
alugar (vt)	to rent (vt)	[tə rent]
preço (m)	price	[praɪs]
custo (m)	cost	[kɒst]
soma (f)	sum	[sʌm]
gastos (m pl)	expenses	[ɪk'spensɪz]

economizar (vi)	to economize (vi, vt)	[tə ɪˈkɒnəmaɪz]
econômico (adj)	economical	[ˌiːkəˈnɒmɪkəl]

pagar (vt)	to pay (vi, vt)	[tə peɪ]
pagamento (m)	payment	[ˈpeɪmənt]
troco (m)	change	[ʧeɪndʒ]

imposto (m)	tax	[tæks]
multa (f)	fine	[faɪn]
multar (vt)	to fine (vt)	[tə faɪn]

42. Correios. Serviço postal

agência (f) dos correios	post office	[pəʊst ˈɒfɪs]
correio (m)	mail	[meɪl]
carteiro (m)	mailman	[ˈmeɪlmən]
horário (m)	opening hours	[ˈəʊpənɪŋ ˌaʊəz]

carta (f)	letter	[ˈletə(r)]
carta (f) registada	registered letter	[ˈredʒɪstəd ˈletə(r)]
cartão (m) postal	postcard	[ˈpəʊstkɑːd]
telegrama (m)	telegram	[ˈtelɪgræm]
encomenda (f)	package, parcel	[ˈpækɪdʒ], [ˈpɑːsəl]
transferência (f) de dinheiro	money transfer	[ˈmʌnɪ trænsˈfɜː(r)]

receber (vt)	to receive (vt)	[tə rɪˈsiːv]
enviar (vt)	to send (vt)	[tə send]
envio (m)	sending	[ˈsendɪŋ]

endereço (m)	address	[əˈdres]
código (m) postal	ZIP code	[ˈzɪp ˌkəʊd]
remetente (m)	sender	[ˈsendə(r)]
destinatário (m)	receiver	[rɪˈsiːvə(r)]

nome (m)	first name	[fɜːst neɪm]
sobrenome (m)	surname, last name	[ˈsɜːneɪm], [lɑːst neɪm]

tarifa (f)	rate	[reɪt]
ordinário (adj)	standard	[ˈstændəd]
econômico (adj)	economical	[ˌiːkəˈnɒmɪkəl]

peso (m)	weight	[weɪt]
pesar (estabelecer o peso)	to weigh (vt)	[tə weɪ]
envelope (m)	envelope	[ˈenvələʊp]
selo (m) postal	postage stamp	[ˈpəʊstɪdʒ ˌstæmp]
colar o selo	to stamp an envelope	[tə stæmp ən ˈenvələʊp]

43. Banca

banco (m)	bank	[bæŋk]
balcão (f)	branch	[brɑːnʧ]
consultor (m) bancário	clerk, consultant	[klɜːk], [kənˈsʌltənt]

gerente (m)	manager	['mænɪdʒə(r)]
conta (f)	bank account	[bæŋk ə'kaʊnt]
número (m) da conta	account number	[ə'kaʊnt 'nʌmbə(r)]
conta (f) corrente	checking account	['tʃekɪŋ ə'kaʊnt]
conta (f) poupança	savings account	['seɪvɪŋz ə'kaʊnt]

| abrir uma conta | to open an account | [tu 'əʊpən ən ə'kaʊnt] |
| fechar uma conta | to close the account | [tə kləʊz ðɪ ə'kaʊnt] |

depósito (m)	deposit	[dɪ'pɒzɪt]
fazer um depósito	to make a deposit	[tə meɪk ə dɪ'pɒzɪt]
transferência (f) bancária	wire transfer	['waɪə 'trænsfɜː(r)]
transferir (vt)	to wire, to transfer	[tə 'waɪə], [tə træns'fɜː]

| soma (f) | sum | [sʌm] |
| Quanto? | How much? | [ˌhaʊ 'mʌtʃ] |

| assinatura (f) | signature | ['sɪgnətʃə(r)] |
| assinar (vt) | to sign (vt) | [tə saɪn] |

cartão (m) de crédito	credit card	['kredɪt kɑːd]
senha (f)	code	[kəʊd]
número (m) do cartão de crédito	credit card number	['kredɪt kɑːd 'nʌmbə(r)]
caixa (m) eletrônico	ATM	[ˌeɪtiː'em]

cheque (m)	check	[tʃek]
passar um cheque	to write a check	[tə ˌraɪt ə 'tʃek]
talão (m) de cheques	checkbook	['tʃekˌbʊk]

empréstimo (m)	loan	[ləʊn]
pedir um empréstimo	to apply for a loan	[tə ə'plaɪ fɔːrə ləʊn]
obter empréstimo	to get a loan	[tə get ə ləʊn]
dar um empréstimo	to give a loan	[tə gɪv ə ləʊn]
garantia (f)	guarantee	[ˌgærən'tiː]

44. Telefone. Conversação telefônica

telefone (m)	telephone	['telɪfəʊn]
celular (m)	cell phone	['selfəʊn]
secretária (f) eletrônica	answering machine	['ɑːnsərɪŋ mə'ʃiːn]

| fazer uma chamada | to call (vi, vt) | [tə kɔːl] |
| chamada (f) | phone call | [fəʊn kɔːl] |

discar um número	to dial a number	[tə 'daɪəl ə 'nʌmbə(r)]
Alô!	Hello!	[hə'ləʊ]
perguntar (vt)	to ask (vt)	[tə ɑːsk]
responder (vt)	to answer (vi, vt)	[tə 'ɑːnsə(r)]

ouvir (vt)	to hear (vt)	[tə hɪə(r)]
bem	well	[wel]
mal	not well	[nɒt wel]
ruído (m)	noises	[nɔɪzɪz]

fone (m)	receiver	[rɪ'siːvə(r)]
pegar o telefone	to pick up the phone	[tə pɪk ʌp ðə fəʊn]
desligar (vi)	to hang up	[tə hæŋg ʌp]

ocupado (adj)	busy	['bɪzɪ]
tocar (vi)	to ring (vi)	[tə rɪŋ]
lista (f) telefônica	telephone book	['telɪfəʊn bʊk]

local (adj)	local	['ləʊkəl]
chamada (f) local	local call	['ləʊkəl kɔːl]
de longa distância	long distance	[lɒŋ 'dɪstəns]
chamada (f) de longa distância	long distance call	[lɒŋ 'dɪstəns kɔːl]
internacional (adj)	international	[ˌɪntə'næʃənəl]
chamada (f) internacional	international call	[ˌɪntə'næʃənəl kɔːl]

45. Telefone móvel

celular (m)	cell phone	['selfəʊn]
tela (f)	display	[dɪ'spleɪ]
botão (m)	button	['bʌtən]
cartão SIM (m)	SIM card	[sɪm kɑːd]

bateria (f)	battery	['bætərɪ]
descarregar-se (vr)	to be dead	[tə bi ded]
carregador (m)	charger	['ʧɑːdʒə(r)]

menu (m)	menu	['menjuː]
configurações (f pl)	settings	['setɪŋz]
melodia (f)	tune	[tjuːn]
escolher (vt)	to select (vt)	[tə sɪ'lekt]

calculadora (f)	calculator	['kælkjʊleɪtə(r)]
correio (m) de voz	voice mail	[vɔɪs meɪl]
despertador (m)	alarm clock	[ə'lɑːm klɒk]
contatos (m pl)	contacts	['kɒntækts]

| mensagem (f) de texto | SMS | [ˌesem'es] |
| assinante (m) | subscriber | [səb'skraɪbə(r)] |

46. Estacionário

| caneta (f) | ballpoint pen | ['bɔːlpɔɪnt pen] |
| caneta (f) tinteiro | fountain pen | ['faʊntɪn pen] |

lápis (m)	pencil	['pensəl]
marcador (m) de texto	highlighter	['haɪlaɪtə(r)]
caneta (f) hidrográfica	felt-tip pen	[felt tɪp pen]

bloco (m) de notas	notepad	['nəʊtpæd]
agenda (f)	agenda	[ə'dʒendə]
régua (f)	ruler	['ruːlə(r)]

calculadora (f)	calculator	['kælkjʊleɪtə(r)]
borracha (f)	eraser	[ɪ'reɪsə(r)]
alfinete (m)	thumbtack	['θʌmtæk]
clipe (m)	paper clip	['peɪpə klɪp]

cola (f)	glue	[glu:]
grampeador (m)	stapler	['steɪplə(r)]
furador (m) de papel	hole punch	[həʊl pʌntʃ]
apontador (m)	pencil sharpener	['pensəl 'ʃɑ:pənə(r)]

47. Línguas estrangeiras

língua (f)	language	['læŋgwɪdʒ]
estrangeiro (adj)	foreign	['fɒrən]
estudar (vt)	to study (vt)	[tə 'stʌdɪ]
aprender (vt)	to learn (vt)	[tə lɜ:n]

ler (vt)	to read (vi, vt)	[tə ri:d]
falar (vi)	to speak (vi, vt)	[tə spi:k]
entender (vt)	to understand (vt)	[tə,ʌndə'stænd]
escrever (vt)	to write (vt)	[tə raɪt]

rapidamente	quickly, fast	['kwɪklɪ], [fɑ:st]
devagar, lentamente	slowly	['sləʊlɪ]
fluentemente	fluently	['flu:əntlɪ]

regras (f pl)	rules	[ru:lz]
gramática (f)	grammar	['græmə(r)]
vocabulário (m)	vocabulary	[və'kæbjʊlərɪ]
fonética (f)	phonetics	[fə'netɪks]

livro (m) didático	textbook	['tekstbʊk]
dicionário (m)	dictionary	['dɪkʃənərɪ]
manual (m) autodidático	teach-yourself book	[ti:tʃ jɔ:'self bʊk]
guia (m) de conversação	phrasebook	['freɪzbʊk]

fita (f) cassete	cassette, tape	[kæ'set], [teɪp]
videoteipe (m)	videotape	['vɪdɪəʊteɪp]
CD (m)	CD, compact disc	[,si:'di:], [kəm'pækt dɪsk]
DVD (m)	DVD	[,di:vi:'di:]

alfabeto (m)	alphabet	['ælfəbet]
soletrar (vt)	to spell (vt)	[tə spel]
pronúncia (f)	pronunciation	[prə,nʌnsɪ'eɪʃən]

sotaque (m)	accent	['æksent]
com sotaque	with an accent	[wɪð ən 'æksent]
sem sotaque	without an accent	[wɪ'ðaʊt ən 'æksent]

palavra (f)	word	[wɜ:d]
sentido (m)	meaning	['mi:nɪŋ]

curso (m)	course	[kɔ:s]
inscrever-se (vr)	to sign up (vi)	[tə saɪn ʌp]

professor (m)	**teacher**	['tiːʧə(r)]
tradução (texto)	**translation**	[trænsˈleɪʃən]
tradutor (m)	**translator**	[trænsˈleɪtə(r)]
intérprete (m)	**interpreter**	[ɪnˈtɜːprɪtə(r)]
poliglota (m)	**polyglot**	[ˈpɒlɪglɒt]
memória (f)	**memory**	[ˈmemərɪ]

REFEIÇÕES. RESTAURANTE

48. Por a mesa

colher (f)	**spoon**	[spu:n]
faca (f)	**knife**	[naɪf]
garfo (m)	**fork**	[fɔːk]
xícara (f)	**cup**	[kʌp]
prato (m)	**plate**	[pleɪt]
pires (m)	**saucer**	['sɔːsə(r)]
guardanapo (m)	**napkin**	['næpkɪn]
palito (m)	**toothpick**	['tuːθpɪk]

49. Restaurante

restaurante (m)	**restaurant**	['restrɒnt]
cafeteria (f)	**coffee house**	['kɒfɪ ˌhaʊs]
bar (m), cervejaria (f)	**pub, bar**	[pʌb], [bɑː(r)]
salão (m) de chá	**tearoom**	['tiːrʊm]
garçom (m)	**waiter**	['weɪtə(r)]
garçonete (f)	**waitress**	['weɪtrɪs]
barman (m)	**bartender**	['bɑːrˌtendə(r)]
cardápio (m)	**menu**	['menjuː]
lista (f) de vinhos	**wine list**	['waɪn lɪst]
reservar uma mesa	**to book a table**	[tə bʊk ə 'teɪbəl]
prato (m)	**course, dish**	[kɔːs], [dɪʃ]
pedir (vt)	**to order** (vi, vt)	[tə 'ɔːdə(r)]
fazer o pedido	**to make an order**	[tə meɪk ən 'ɔːdə(r)]
aperitivo (m)	**aperitif**	[əperə'tiːf]
entrada (f)	**appetizer**	['æpɪtaɪzə(r)]
sobremesa (f)	**dessert**	[dɪ'zɜːt]
conta (f)	**check**	[tʃek]
pagar a conta	**to pay the check**	[tə peɪ ðə tʃek]
dar o troco	**to give change**	[tə gɪv 'tʃeɪndʒ]
gorjeta (f)	**tip**	[tɪp]

50. Refeições

comida (f)	**food**	[fuːd]
comer (vt)	**to eat** (vi, vt)	[tə iːt]

café (m) da manhã	breakfast	['brekfəst]
tomar café da manhã	to have breakfast	[tə hæv 'brekfəst]
almoço (m)	lunch	[lʌntʃ]
almoçar (vi)	to have lunch	[tə hæv lʌntʃ]
jantar (m)	dinner	['dɪnə(r)]
jantar (vi)	to have dinner	[tə hæv 'dɪnə(r)]

apetite (m)	appetite	['æpɪtaɪt]
Bom apetite!	Enjoy your meal!	[ɪn'dʒɔɪ jɔː ˌmiːl]

abrir (~ uma lata, etc.)	to open (vt)	[tə 'əʊpən]
derramar (~ líquido)	to spill (vt)	[tə spɪl]
derramar-se (vr)	to spill out (vi)	[tə spɪl aʊt]

ferver (vi)	to boil (vi)	[tə bɔɪl]
ferver (vt)	to boil (vt)	[tə bɔɪl]
fervido (adj)	boiled	['bɔɪld]
esfriar (vt)	to chill, cool down (vt)	[tə tʃɪl], [kuːl daʊn]
esfriar-se (vr)	to chill (vi)	[tə tʃɪl]

sabor, gosto (m)	taste, flavor	[teɪst], ['fleɪvə(r)]
fim (m) de boca	aftertaste	['ɑːftəteɪst]

emagrecer (vi)	to slim down	[tə slɪm daʊn]
dieta (f)	diet	['daɪət]
vitamina (f)	vitamin	['vaɪtəmɪn]
caloria (f)	calorie	['kælərɪ]
vegetariano (m)	vegetarian	[ˌvedʒɪ'teərɪən]
vegetariano (adj)	vegetarian	[ˌvedʒɪ'teərɪən]

gorduras (f pl)	fats	[fæts]
proteínas (f pl)	proteins	['prəʊtiːnz]
carboidratos (m pl)	carbohydrates	[ˌkɑːbəʊ'haɪdreɪts]
fatia (~ de limão, etc.)	slice	[slaɪs]
pedaço (~ de bolo)	piece	[piːs]
migalha (f), farelo (m)	crumb	[krʌm]

51. Pratos cozinhados

prato (m)	course, dish	[kɔːs], [dɪʃ]
cozinha (~ portuguesa)	cuisine	[kwɪ'ziːn]
receita (f)	recipe	['resɪpɪ]
porção (f)	portion	['pɔːʃən]

salada (f)	salad	['sæləd]
sopa (f)	soup	[suːp]

caldo (m)	clear soup	[ˌklɪə 'suːp]
sanduíche (m)	sandwich	['sænwɪdʒ]
ovos (m pl) fritos	fried eggs	['fraɪd ˌegz]

hambúrguer (m)	hamburger	['hæmbɜːgə(r)]
bife (m)	steak	[steɪk]
acompanhamento (m)	side dish	[saɪd dɪʃ]

espaguete (m)	spaghetti	[spə'getı]
purê (m) de batata	mashed potatoes	[mæʃt pə'teɪtəuz]
pizza (f)	pizza	['pi:tsə]
mingau (m)	porridge	['pɒrɪʤ]
omelete (f)	omelet	['ɒmlɪt]
fervido (adj)	boiled	['bɔɪld]
defumado (adj)	smoked	[sməukt]
frito (adj)	fried	[fraɪd]
seco (adj)	dried	[draɪd]
congelado (adj)	frozen	['frəuzən]
em conserva (adj)	pickled	['pɪkəld]
doce (adj)	sweet	[swi:t]
salgado (adj)	salty	['sɔ:ltı]
frio (adj)	cold	[kəuld]
quente (adj)	hot	[hɒt]
amargo (adj)	bitter	['bɪtə(r)]
gostoso (adj)	tasty	['teɪstı]
cozinhar em água fervente	to cook in boiling water	[tə kuk in 'bɔɪlıŋ 'wɔ:tə]
preparar (vt)	to cook (vt)	[tə kuk]
fritar (vt)	to fry (vt)	[tə fraɪ]
aquecer (vt)	to heat up	[tə hi:t ʌp]
salgar (vt)	to salt (vt)	[tə sɔ:lt]
apimentar (vt)	to pepper (vt)	[tə 'pepə(r)]
ralar (vt)	to grate (vt)	[tə greɪt]
casca (f)	peel	[pi:l]
descascar (vt)	to peel (vt)	[tə pi:l]

52. Comida

carne (f)	meat	[mi:t]
galinha (f)	chicken	['ʧıkın]
frango (m)	Rock Cornish hen	[rɒk 'kɔ:nıʃ hen]
pato (m)	duck	[dʌk]
ganso (m)	goose	[gu:s]
caça (f)	game	[geɪm]
peru (m)	turkey	['tɜ:kı]
carne (f) de porco	pork	[pɔ:k]
carne (f) de vitela	veal	[vi:l]
carne (f) de carneiro	lamb	[læm]
carne (f) de vaca	beef	[bi:f]
carne (f) de coelho	rabbit	['ræbɪt]
linguiça (f), salsichão (m)	sausage	['sɒsıʤ]
salsicha (f)	vienna sausage	[vı'enə 'sɒsıʤ]
bacon (m)	bacon	['beɪkən]
presunto (m)	ham	[hæm]
pernil (m) de porco	gammon	['gæmən]
patê (m)	pâté	['pæteɪ]
fígado (m)	liver	['lıvə(r)]

guisado (m)	hamburger	['hæmbɜːɡə(r)]
língua (f)	tongue	[tʌŋ]
ovo (m)	egg	[eg]
ovos (m pl)	eggs	[egz]
clara (f) de ovo	egg white	['eg ˌwaɪt]
gema (f) de ovo	egg yolk	['eg ˌjəʊk]
peixe (m)	fish	[fɪʃ]
mariscos (m pl)	seafood	['siːfuːd]
crustáceos (m pl)	crustaceans	[krʌ'steɪʃənz]
caviar (m)	caviar	['kævɪɑː(r)]
caranguejo (m)	crab	[kræb]
camarão (m)	shrimp	[ʃrɪmp]
ostra (f)	oyster	['ɔɪstə(r)]
lagosta (f)	spiny lobster	['spaɪnɪ 'lɒbstə(r)]
polvo (m)	octopus	['ɒktəpəs]
lula (f)	squid	[skwɪd]
esturjão (m)	sturgeon	['stɜːdʒən]
salmão (m)	salmon	['sæmən]
halibute (m)	halibut	['hælɪbet]
bacalhau (m)	cod	[kɒd]
cavala, sarda (f)	mackerel	['mækərəl]
atum (m)	tuna	['tuːnə]
enguia (f)	eel	[iːl]
truta (f)	trout	[traʊt]
sardinha (f)	sardine	[sɑː'diːn]
lúcio (m)	pike	[paɪk]
arenque (m)	herring	['herɪŋ]
pão (m)	bread	[bred]
queijo (m)	cheese	[tʃiːz]
açúcar (m)	sugar	['ʃʊgə(r)]
sal (m)	salt	[sɔːlt]
arroz (m)	rice	[raɪs]
massas (f pl)	pasta	['pæstə]
talharim, miojo (m)	noodles	['nuːdəlz]
manteiga (f)	butter	['bʌtə(r)]
óleo (m) vegetal	vegetable oil	['vedʒtəbəl ɔɪl]
óleo (m) de girassol	sunflower oil	['sʌnˌflaʊə ɔɪl]
margarina (f)	margarine	[ˌmɑːdʒə'riːn]
azeitonas (f pl)	olives	['ɒlɪvz]
azeite (m)	olive oil	['ɒlɪv ˌɔɪl]
leite (m)	milk	[mɪlk]
leite (m) condensado	condensed milk	[kən'denst mɪlk]
iogurte (m)	yogurt	['jəʊgərt]
creme (m) azedo	sour cream	['saʊə ˌkriːm]
creme (m) de leite	cream	[kriːm]

maionese (f)	mayonnaise	[ˌmeɪəˈneɪz]
creme (m)	buttercream	[ˈbʌtəˌkriːm]
grãos (m pl) de cereais	groats	[ɡrəʊts]
farinha (f)	flour	[ˈflaʊə(r)]
enlatados (m pl)	canned food	[kænd fuːd]
flocos (m pl) de milho	cornflakes	[ˈkɔːnfleɪks]
mel (m)	honey	[ˈhʌnɪ]
geleia (f)	jam	[dʒæm]
chiclete (m)	chewing gum	[ˈtʃuːɪŋ ˌɡʌm]

53. Bebidas

água (f)	water	[ˈwɔːtə(r)]
água (f) potável	drinking water	[ˈdrɪŋkɪŋ ˈwɔːtə(r)]
água (f) mineral	mineral water	[ˈmɪnərəl ˈwɔːtə(r)]
sem gás (adj)	still	[stɪl]
gaseificada (adj)	carbonated	[ˈkɑːbəneɪtɪd]
com gás	sparkling	[ˈspɑːklɪŋ]
gelo (m)	ice	[aɪs]
com gelo	with ice	[wɪð aɪs]
não alcoólico (adj)	non-alcoholic	[nɒn ˌælkəˈhɒlɪk]
refrigerante (m)	soft drink	[sɒft drɪŋk]
refresco (m)	refreshing drink	[rɪˈfreʃɪŋ drɪŋk]
limonada (f)	lemonade	[ˌleməˈneɪd]
bebidas (f pl) alcoólicas	liquors	[ˈlɪkəz]
vinho (m)	wine	[waɪn]
vinho (m) branco	white wine	[ˈwaɪt ˌwaɪn]
vinho (m) tinto	red wine	[ˈred ˌwaɪn]
licor (m)	liqueur	[lɪˈkjʊə(r)]
champanhe (m)	champagne	[ʃæmˈpeɪn]
vermute (m)	vermouth	[vɜːˈmuːθ]
uísque (m)	whiskey	[ˈwɪskɪ]
vodca (f)	vodka	[ˈvɒdkə]
gim (m)	gin	[dʒɪn]
conhaque (m)	cognac	[ˈkɒnjæk]
rum (m)	rum	[rʌm]
café (m)	coffee	[ˈkɒfɪ]
café (m) preto	black coffee	[blæk ˈkɒfɪ]
café (m) com leite	coffee with milk	[ˈkɒfɪ wɪð mɪlk]
cappuccino (m)	cappuccino	[ˌkæpʊˈtʃiːnəʊ]
café (m) solúvel	instant coffee	[ˈɪnstənt ˈkɒfɪ]
leite (m)	milk	[mɪlk]
coquetel (m)	cocktail	[ˈkɒkteɪl]
batida (f), milkshake (m)	milkshake	[ˈmɪlk ʃeɪk]
suco (m)	juice	[dʒuːs]

suco (m) de tomate	**tomato juice**	[tə'meɪtəʊ dʒu:s]
suco (m) de laranja	**orange juice**	['ɒrɪndʒ ˌdʒu:s]
suco (m) fresco	**freshly squeezed juice**	['freʃlɪ skwi:zd dʒu:s]
cerveja (f)	**beer**	[bɪə(r)]
cerveja (f) clara	**light beer**	[ˌlaɪt 'bɪə(r)]
cerveja (f) preta	**dark beer**	['dɑ:k ˌbɪə(r)]
chá (m)	**tea**	[ti:]
chá (m) preto	**black tea**	[blæk ti:]
chá (m) verde	**green tea**	['gri:nˌti:]

54. Vegetais

vegetais (m pl)	**vegetables**	['vedʒtəbəlz]
verdura (f)	**greens**	[gri:nz]
tomate (m)	**tomato**	[tə'meɪtəʊ]
pepino (m)	**cucumber**	['kju:kʌmbə(r)]
cenoura (f)	**carrot**	['kærət]
batata (f)	**potato**	[pə'teɪtəʊ]
cebola (f)	**onion**	['ʌnjən]
alho (m)	**garlic**	['gɑ:lɪk]
couve (f)	**cabbage**	['kæbɪdʒ]
couve-flor (f)	**cauliflower**	['kɒlɪˌflaʊə(r)]
couve-de-bruxelas (f)	**Brussels sprouts**	['brʌsəlz ˌspraʊts]
brócolis (m pl)	**broccoli**	['brɒkəlɪ]
beterraba (f)	**beet**	[bi:t]
berinjela (f)	**eggplant**	['egplɑ:nt]
abobrinha (f)	**zucchini**	[zu:'ki:nɪ]
abóbora (f)	**pumpkin**	['pʌmpkɪn]
nabo (m)	**turnip**	['tɜ:nɪp]
salsa (f)	**parsley**	['pɑ:slɪ]
endro, aneto (m)	**dill**	[dɪl]
alface (f)	**lettuce**	['letɪs]
aipo (m)	**celery**	['selərɪ]
aspargo (m)	**asparagus**	[ə'spærəgəs]
espinafre (m)	**spinach**	['spɪnɪdʒ]
ervilha (f)	**pea**	[pi:]
feijão (~ soja, etc.)	**beans**	[bi:nz]
milho (m)	**corn**	[kɔ:n]
feijão (m) roxo	**kidney bean**	['kɪdnɪ bi:n]
pimentão (m)	**bell pepper**	[bel 'pepə(r)]
rabanete (m)	**radish**	['rædɪʃ]
alcachofra (f)	**artichoke**	['ɑ:tɪtʃəʊk]

55. Frutos. Nozes

fruta (f)	fruit	[fruːt]
maçã (f)	apple	['æpəl]
pera (f)	pear	[peə(r)]
limão (m)	lemon	['lemən]
laranja (f)	orange	['ɒrɪndʒ]
morango (m)	strawberry	['strɔːbərɪ]
tangerina (f)	mandarin	['mændərɪn]
ameixa (f)	plum	[plʌm]
pêssego (m)	peach	[piːtʃ]
damasco (m)	apricot	['eɪprɪkɒt]
framboesa (f)	raspberry	['rɑːzbərɪ]
abacaxi (m)	pineapple	['paɪnˌæpəl]
banana (f)	banana	[bə'nɑːnə]
melancia (f)	watermelon	['wɔːtəˌmelən]
uva (f)	grape	[greɪp]
ginja (f)	sour cherry	['sauə 'tʃerɪ]
cereja (f)	sweet cherry	[swiːt 'tʃerɪ]
melão (m)	melon	['melən]
toranja (f)	grapefruit	['greɪpfruːt]
abacate (m)	avocado	[ˌævə'kɑːdəu]
mamão (m)	papaya	[pə'paɪə]
manga (f)	mango	['mæŋgəu]
romã (f)	pomegranate	['pɒmɪˌgrænɪt]
groselha (f) vermelha	redcurrant	['redkʌrənt]
groselha (f) negra	blackcurrant	[ˌblæk'kʌrənt]
groselha (f) espinhosa	gooseberry	['guzbərɪ]
mirtilo (m)	bilberry	['bɪlbərɪ]
amora (f) silvestre	blackberry	['blækbərɪ]
passa (f)	raisin	['reɪzən]
figo (m)	fig	[fɪg]
tâmara (f)	date	[deɪt]
amendoim (m)	peanut	['piːnʌt]
amêndoa (f)	almond	['ɑːmənd]
noz (f)	walnut	['wɔːlnʌt]
avelã (f)	hazelnut	['heɪzəlnʌt]
coco (m)	coconut	['kəukənʌt]
pistaches (m pl)	pistachios	[pɪ'stɑːʃɪəus]

56. Pão. Bolaria

pastelaria (f)	confectionery	[kən'fekʃənərɪ]
pão (m)	bread	[bred]
biscoito (m), bolacha (f)	cookies	['kukɪz]
chocolate (m)	chocolate	['tʃɒkələt]
de chocolate	chocolate	['tʃɒkələt]

bala (f)	candy	['kændɪ]
doce (bolo pequeno)	cake	[keɪk]
bolo (m) de aniversário	cake	[keɪk]

| torta (f) | pie | [paɪ] |
| recheio (m) | filling | ['fɪlɪŋ] |

geleia (m)	jam	[dʒæm]
marmelada (f)	marmalade	['mɑːməleɪd]
wafers (m pl)	wafers	['weɪfəz]
sorvete (m)	ice-cream	[aɪs kriːm]
pudim (m)	pudding	['pʊdɪŋ]

57. Especiarias

sal (m)	salt	[sɔːlt]
salgado (adj)	salty	['sɔːltɪ]
salgar (vt)	to salt (vt)	[tə sɔːlt]

pimenta-do-reino (f)	black pepper	[blæk 'pepə(r)]
pimenta (f) vermelha	red pepper	[red 'pepə(r)]
mostarda (f)	mustard	['mʌstəd]
raiz-forte (f)	horseradish	['hɔːsˌrædɪʃ]

condimento (m)	condiment	['kɒndɪmənt]
especiaria (f)	spice	[spaɪs]
molho (~ inglês)	sauce	[sɔːs]
vinagre (m)	vinegar	['vɪnɪgə(r)]

anis estrelado (m)	anise	['ænɪs]
manjericão (m)	basil	['beɪzəl]
cravo (m)	cloves	[kləʊvz]
gengibre (m)	ginger	['dʒɪndʒə(r)]
coentro (m)	coriander	[ˌkɒrɪ'ændə(r)]
canela (f)	cinnamon	['sɪnəmən]

gergelim (m)	sesame	['sesəmɪ]
folha (f) de louro	bay leaf	[beɪ liːf]
páprica (f)	paprika	['pæprɪkə]
cominho (m)	caraway	['kærəweɪ]
açafrão (m)	saffron	['sæfrən]

INFORMAÇÃO PESSOAL. FAMÍLIA

58. Informação pessoal. Formulários

nome (m)	name, first name	[neɪm], ['fɜːstˌneɪm]
sobrenome (m)	surname, last name	['sɜːneɪm], [lɑːst neɪm]
data (f) de nascimento	date of birth	[deɪt əv bɜːθ]
local (m) de nascimento	place of birth	[ˌpleɪs əv 'bɜːθ]
nacionalidade (f)	nationality	[ˌnæʃə'næləti]
lugar (m) de residência	place of residence	[ˌpleɪs əv 'rezɪdəns]
país (m)	country	['kʌntrɪ]
profissão (f)	profession	[prə'feʃən]
sexo (m)	gender, sex	['dʒendə(r)], [seks]
estatura (f)	height	[haɪt]
peso (m)	weight	[weɪt]

59. Membros da família. Parentes

mãe (f)	mother	['mʌðə(r)]
pai (m)	father	['fɑːðə(r)]
filho (m)	son	[sʌn]
filha (f)	daughter	['dɔːtə(r)]
caçula (f)	younger daughter	[jʌŋgə 'dɔːtə(r)]
caçula (m)	younger son	[jʌŋgə 'sʌn]
filha (f) mais velha	eldest daughter	['eldɪst 'dɔːtə(r)]
filho (m) mais velho	eldest son	['eldɪst sʌn]
irmão (m)	brother	['brʌðə(r)]
irmã (f)	sister	['sɪstə(r)]
primo (m)	cousin	['kʌzən]
prima (f)	cousin	['kʌzən]
mamãe (f)	mom, mommy	[mɒm], ['mɒmɪ]
papai (m)	dad, daddy	[dæd], ['dædɪ]
pais (pl)	parents	['peərənts]
criança (f)	child	[tʃaɪld]
crianças (f pl)	children	['tʃɪldrən]
avó (f)	grandmother	['grænˌmʌðə(r)]
avô (m)	grandfather	['grændˌfɑːðə(r)]
neto (m)	grandson	['grænsʌn]
neta (f)	granddaughter	['grænˌdɔːtə(r)]
netos (pl)	grandchildren	['grænˌtʃɪldrən]
tio (m)	uncle	['ʌŋkəl]
tia (f)	aunt	[ɑːnt]

| sobrinho (m) | nephew | ['nefju:] |
| sobrinha (f) | niece | [ni:s] |

sogra (f)	mother-in-law	['mʌðər ɪn 'lɔ:]
sogro (m)	father-in-law	['fɑ:ðə ɪn ˌlɔ:]
genro (m)	son-in-law	['sʌn ɪn ˌlɔ:]
madrasta (f)	stepmother	['step,mʌðə(r)]
padrasto (m)	stepfather	['step,fɑ:ðə(r)]

criança (f) de colo	infant	['ɪnfənt]
bebê (m)	baby	['beɪbɪ]
menino (m)	little boy	['lɪtəl ˌbɔɪ]

| mulher (f) | wife | [waɪf] |
| marido (m) | husband | ['hʌzbənd] |

casado (adj)	married	['mærɪd]
casada (adj)	married	['mærɪd]
solteiro (adj)	single	['sɪŋgəl]
solteirão (m)	bachelor	['bætʃələ(r)]
divorciado (adj)	divorced	[dɪ'vɔ:st]
viúva (f)	widow	['wɪdəʊ]
viúvo (m)	widower	['wɪdəʊə(r)]

parente (m)	relative	['relətɪv]
parente (m) próximo	close relative	[ˌkləʊs 'relətɪv]
parente (m) distante	distant relative	['dɪstənt 'relətɪv]
parentes (m pl)	relatives	['relətɪvz]

órfão (m), órfã (f)	orphan	['ɔ:fən]
tutor (m)	guardian	['gɑ:djən]
adotar (um filho)	to adopt (vt)	[tə ə'dɒpt]
adotar (uma filha)	to adopt (vt)	[tə ə'dɒpt]

60. Amigos. Colegas de trabalho

amigo (m)	friend	[frend]
amiga (f)	friend, girlfriend	[frend], ['gɜ:lfrend]
amizade (f)	friendship	['frendʃɪp]
ser amigos	to be friends	[tə bi frendz]

amigo (m)	buddy	['bʌdɪ]
amiga (f)	buddy	['bʌdɪ]
parceiro (m)	partner	['pɑ:tnə(r)]

chefe (m)	chief	[tʃi:f]
superior (m)	boss, superior	[bɒs], [su:'pɪərɪə(r)]
subordinado (m)	subordinate	[sə'bɔ:dɪnət]
colega (m, f)	colleague	['kɒli:g]

conhecido (m)	acquaintance	[ə'kweɪntəns]
companheiro (m) de viagem	fellow traveler	['feləʊ 'trævələ(r)]
colega (m) de classe	classmate	['klɑ:smeɪt]
vizinho (m)	neighbor	['neɪbə(r)]

vizinha (f)	**neighbor**	['neɪbə(r)]
vizinhos (pl)	**neighbors**	['neɪbəz]

CORPO HUMANO. MEDICINA

61. Cabeça

cabeça (f)	head	[hed]
rosto, cara (f)	face	[feɪs]
nariz (m)	nose	[nəʊz]
boca (f)	mouth	[maʊθ]
olho (m)	eye	[aɪ]
olhos (m pl)	eyes	[aɪz]
pupila (f)	pupil	['pju:pəl]
sobrancelha (f)	eyebrow	['aɪbraʊ]
cílio (f)	eyelash	['aɪlæʃ]
pálpebra (f)	eyelid	['aɪlɪd]
língua (f)	tongue	[tʌŋ]
dente (m)	tooth	[tu:θ]
lábios (m pl)	lips	[lɪps]
maçãs (f pl) do rosto	cheekbones	['tʃi:kbəʊnz]
gengiva (f)	gum	[gʌm]
palato (m)	palate	['pælət]
narinas (f pl)	nostrils	['nɒstrɪlz]
queixo (m)	chin	[tʃin]
mandíbula (f)	jaw	[dʒɔ:]
bochecha (f)	cheek	[tʃi:k]
testa (f)	forehead	['fɔ:hed]
têmpora (f)	temple	['tempəl]
orelha (f)	ear	[ɪə(r)]
costas (f pl) da cabeça	back of the head	['bæk əv ðə ˌhed]
pescoço (m)	neck	[nek]
garganta (f)	throat	[θrəʊt]
cabelo (m)	hair	[heə(r)]
penteado (m)	hairstyle	['heəstaɪl]
corte (m) de cabelo	haircut	['heəkʌt]
peruca (f)	wig	[wɪg]
bigode (m)	mustache	['mʌstæʃ]
barba (f)	beard	[bɪəd]
ter (~ barba, etc.)	to have (vt)	[tə hæv]
trança (f)	braid	[breɪd]
suíças (f pl)	sideburns	['saɪdbɜ:nz]
ruivo (adj)	red-haired	['red ˌheəd]
grisalho (adj)	gray	[greɪ]
careca (adj)	bald	[bɔ:ld]
calva (f)	bald patch	[bɔ:ld pætʃ]

| rabo-de-cavalo (m) | ponytail | ['pəʊnɪteɪl] |
| franja (f) | bangs | [bæŋz] |

62. Corpo humano

| mão (f) | hand | [hænd] |
| braço (m) | arm | [ɑːm] |

dedo (m)	finger	['fɪŋɡə(r)]
polegar (m)	thumb	[θʌm]
dedo (m) mindinho	little finger	[ˌlɪtəl 'fɪŋɡə(r)]
unha (f)	nail	[neɪl]

punho (m)	fist	[fɪst]
palma (f)	palm	[pɑːm]
pulso (m)	wrist	[rɪst]
antebraço (m)	forearm	['fɔːrˌɑːm]
cotovelo (m)	elbow	['elbəʊ]
ombro (m)	shoulder	['ʃəʊldə(r)]

perna (f)	leg	[leɡ]
pé (m)	foot	[fʊt]
joelho (m)	knee	[niː]
panturrilha (f)	calf	[kɑːf]
quadril (m)	hip	[hɪp]
calcanhar (m)	heel	[hiːl]

corpo (m)	body	['bɒdɪ]
barriga (f), ventre (m)	stomach	['stʌmək]
peito (m)	chest	[tʃest]
seio (m)	breast	[brest]
lado (m)	flank	[flæŋk]
costas (dorso)	back	[bæk]
região (f) lombar	lower back	['ləʊə bæk]
cintura (f)	waist	[weɪst]

umbigo (m)	navel, belly button	['neɪvəl], ['belɪ 'bʌtən]
nádegas (f pl)	buttocks	['bʌtəks]
traseiro (m)	bottom	['bɒtəm]

sinal (m), pinta (f)	beauty mark	['bjuːtɪ mɑːk]
tatuagem (f)	tattoo	[tə'tuː]
cicatriz (f)	scar	[skɑː(r)]

63. Doenças

doença (f)	sickness	['sɪknɪs]
estar doente	to be sick	[tə bi 'sɪk]
saúde (f)	health	[helθ]

| nariz (m) escorrendo | runny nose | [ˌrʌnɪ 'nəʊz] |
| amigdalite (f) | tonsillitis | [ˌtɒnsɪ'laɪtɪs] |

resfriado (m)	cold	[kəʊld]
ficar resfriado	to catch a cold	[tə kætʃ ə 'kəʊld]
bronquite (f)	bronchitis	[broŋ'kaɪtɪs]
pneumonia (f)	pneumonia	[nju:'məʊnɪə]
gripe (f)	flu	[flu:]
míope (adj)	nearsighted	[ˌnɪə'saɪtɪd]
presbita (adj)	farsighted	['fɑ: ˌsaɪtɪd]
estrabismo (m)	strabismus	[strə'bɪzməs]
estrábico, vesgo (adj)	cross-eyed	[krɒs 'aɪd]
catarata (f)	cataract	['kætərækt]
glaucoma (m)	glaucoma	[glɔ:'kəʊmə]
AVC (m), apoplexia (f)	stroke	[strəʊk]
ataque (m) cardíaco	heart attack	['hɑ:t əˌtæk]
enfarte (m) do miocárdio	myocardial infarction	[ˌmaɪəʊ'kɑ:dɪəl ɪn'fɑ:kʃən]
paralisia (f)	paralysis	[pə'rælɪsɪs]
paralisar (vt)	to paralyze (vt)	[tə 'pærəlaɪz]
alergia (f)	allergy	['ælədʒɪ]
asma (f)	asthma	['æsmə]
diabetes (f)	diabetes	[ˌdaɪə'bi:ti:z]
dor (f) de dente	toothache	['tu:θeɪk]
cárie (f)	caries	['keəri:z]
diarreia (f)	diarrhea	[ˌdaɪə'rɪə]
prisão (f) de ventre	constipation	[ˌkɒnstɪ'peɪʃən]
desarranjo (m) intestinal	stomach upset	['stʌmək 'ʌpset]
intoxicação (f) alimentar	food poisoning	[fu:d 'pɔɪzənɪŋ]
artrite (f)	arthritis	[ɑ:'θraɪtɪs]
raquitismo (m)	rickets	['rɪkɪts]
reumatismo (m)	rheumatism	['ru:mətɪzəm]
arteriosclerose (f)	atherosclerosis	[ˌæθərəʊsklɪ'rəʊsɪs]
gastrite (f)	gastritis	[gæs'traɪtɪs]
apendicite (f)	appendicitis	[əˌpendɪ'saɪtɪs]
colecistite (f)	cholecystitis	[ˌkɒlɪsɪs'taɪtɪs]
úlcera (f)	ulcer	['ʌlsə(r)]
sarampo (m)	measles	['mi:zəlz]
rubéola (f)	rubella	[ru:'belə]
icterícia (f)	jaundice	['dʒɔ:ndɪs]
hepatite (f)	hepatitis	[ˌhepə'taɪtɪs]
esquizofrenia (f)	schizophrenia	[ˌskɪtsə'fri:nɪə]
raiva (f)	rabies	['reɪbi:z]
neurose (f)	neurosis	[ˌnjʊə'rəʊsɪs]
contusão (f) cerebral	concussion	[kən'kʌʃən]
câncer (m)	cancer	['kænsə(r)]
esclerose (f)	sclerosis	[sklə'rəʊsɪs]
esclerose (f) múltipla	multiple sclerosis	['mʌltɪpəl sklə'rəʊsɪs]
alcoolismo (m)	alcoholism	['ælkəhɒlɪzəm]

alcoólico (m)	alcoholic	[ˌælkə'hɒlɪk]
sífilis (f)	syphilis	['sɪfɪlɪs]
AIDS (f)	AIDS	[eɪdz]
tumor (m)	tumor	['tjuːmə(r)]
febre (f)	fever	['fiːvə(r)]
malária (f)	malaria	[mə'leərɪə]
gangrena (f)	gangrene	['gæŋgriːn]
enjoo (m)	seasickness	['siːsɪknɪs]
epilepsia (f)	epilepsy	['epɪlepsɪ]
epidemia (f)	epidemic	[ˌepɪ'demɪk]
tifo (m)	typhus	['taɪfəs]
tuberculose (f)	tuberculosis	[tjuːˌbɜːkjʊ'ləʊsɪs]
cólera (f)	cholera	['kɒlərə]
peste (f) bubônica	plague	[pleɪg]

64. Sintomas. Tratamentos. Parte 1

sintoma (m)	symptom	['sɪmptəm]
temperatura (f)	temperature	['temprətʃə(r)]
febre (f)	high temperature, fever	[haɪ 'temprətʃə(r)], ['fiːvə(r)]
pulso (m)	pulse, heartbeat	[pʌls], ['hɑːtbiːt]
vertigem (f)	dizziness	['dɪzɪnɪs]
quente (testa, etc.)	hot	[hɒt]
calafrio (m)	shivering	['ʃɪvərɪŋ]
pálido (adj)	pale	[peɪl]
tosse (f)	cough	[kɒf]
tossir (vi)	to cough (vi)	[tə kɒf]
espirrar (vi)	to sneeze (vi)	[tə sniːz]
desmaio (m)	faint	[feɪnt]
desmaiar (vi)	to faint (vi)	[tə feɪnt]
mancha (f) preta	bruise	[bruːz]
galo (m)	bump	[bʌmp]
machucar-se (vr)	to bang (vi)	[tə bæŋ]
contusão (f)	bruise	[bruːz]
machucar-se (vr)	to get a bruise	[tə get ə bruːz]
mancar (vi)	to limp (vi)	[tə lɪmp]
deslocamento (m)	dislocation	[ˌdɪslə'keɪʃən]
deslocar (vt)	to dislocate (vt)	[tə 'dɪsləkeɪt]
fratura (f)	fracture	['fræktʃə(r)]
fraturar (vt)	to have a fracture	[tə hæv ə 'fræktʃə(r)]
corte (m)	cut	[kʌt]
cortar-se (vr)	to cut oneself	[tə kʌt wʌn'self]
hemorragia (f)	bleeding	['bliːdɪŋ]
queimadura (f)	burn	[bɜːn]
queimar-se (vr)	to get burned	[tə get 'bɜːnd]
picar (vt)	to prick (vt)	[tə prɪk]

picar-se (vr)	to prick oneself	[tə prɪk wʌn'self]
lesionar (vt)	to injure (vt)	[tə 'ɪndʒə(r)]
lesão (m)	injury	['ɪndʒərɪ]
ferida (f), ferimento (m)	wound	[wuːnd]
trauma (m)	trauma	['traʊmə]

delirar (vi)	to be delirious	[tə bi dɪ'lɪrɪəs]
gaguejar (vi)	to stutter (vi)	[tə 'stʌtə(r)]
insolação (f)	sunstroke	['sʌnstrəʊk]

65. Sintomas. Tratamentos. Parte 2

| dor (f) | pain, ache | [peɪn], [eɪk] |
| farpa (no dedo, etc.) | splinter | ['splɪntə(r)] |

suor (m)	sweat	[swet]
suar (vi)	to sweat (vi)	[tə swet]
vômito (m)	vomiting	['vɒmɪtɪŋ]
convulsões (f pl)	convulsions	[kən'vʌlʃənz]

grávida (adj)	pregnant	['pregnənt]
nascer (vi)	to be born	[tə bi bɔːn]
parto (m)	delivery, labor	[dɪ'lɪvərɪ], ['leɪbə(r)]
dar à luz	to deliver (vt)	[tə dɪ'lɪvə(r)]
aborto (m)	abortion	[ə'bɔːʃən]

respiração (f)	breathing, respiration	['briːðɪŋ], [ˌrespə'reɪʃən]
inspiração (f)	in-breath, inhalation	['ɪnbreθ], [ˌɪnhə'leɪʃən]
expiração (f)	out-breath, exhalation	['aʊtbreθ],[ˌeksə'leɪʃən]
expirar (vi)	to exhale (vi)	[tə eks'heɪl]
inspirar (vi)	to inhale (vi)	[tə ɪn'heɪl]

inválido (m)	disabled person	[dɪs'eɪbəld 'pɜːsən]
aleijado (m)	cripple	['krɪpəl]
drogado (m)	drug addict	['drʌɡˌædɪkt]

surdo (adj)	deaf	[def]
mudo (adj)	mute	[mjuːt]
surdo-mudo (adj)	deaf mute	[def mjuːt]

louco, insano (adj)	mad, insane	[mæd], [ɪn'seɪn]
louco (m)	madman	['mædmən]
louca (f)	madwoman	['mædˌwʊmən]
ficar louco	to go insane	[tə ɡəʊ ɪn'seɪn]

gene (m)	gene	[dʒiːn]
imunidade (f)	immunity	[ɪ'mjuːnətɪ]
hereditário (adj)	hereditary	[hɪ'redɪtərɪ]
congênito (adj)	congenital	[kən'dʒenɪtəl]

vírus (m)	virus	['vaɪrəs]
micróbio (m)	microbe	['maɪkrəʊb]
bactéria (f)	bacterium	[bæk'tɪərɪəm]
infecção (f)	infection	[ɪn'fekʃən]

66. Sintomas. Tratamentos. Parte 3

hospital (m)	hospital	['hɒspɪtəl]
paciente (m)	patient	['peɪʃənt]
diagnóstico (m)	diagnosis	[ˌdaɪəg'nəʊsɪs]
cura (f)	cure	[kjʊə]
tratamento (m) médico	treatment	['triːtmənt]
curar-se (vr)	to get treatment	[tə get 'triːtmənt]
tratar (vt)	to treat (vt)	[tə triːt]
cuidar (pessoa)	to nurse (vt)	[tə nɜːs]
cuidado (m)	care	[keə(r)]
operação (f)	operation, surgery	[ˌɒpə'reɪʃən], ['sɜːdʒərɪ]
enfaixar (vt)	to bandage (vt)	[tə 'bændɪdʒ]
enfaixamento (m)	bandaging	['bændɪdʒɪŋ]
vacinação (f)	vaccination	[ˌvæksɪ'neɪʃən]
vacinar (vt)	to vaccinate (vt)	[tə 'væksɪneɪt]
injeção (f)	injection, shot	[ɪn'dʒekʃən], [ʃɒt]
dar uma injeção	to give an injection	[təˌgɪv ən ɪn'dʒekʃən]
ataque (~ de asma, etc.)	attack	[ə'tæk]
amputação (f)	amputation	[ˌæmpjʊ'teɪʃən]
amputar (vt)	to amputate (vt)	[tə 'æmpjʊteɪt]
coma (f)	coma	['kəʊmə]
estar em coma	to be in a coma	[tə bi ɪn ə 'kəʊmə]
reanimação (f)	intensive care	[ɪn'tensɪv ˌkeə(r)]
recuperar-se (vr)	to recover (vi)	[tə rɪ'kʌvə(r)]
estado (~ de saúde)	condition	[kən'dɪʃən]
consciência (perder a ~)	consciousness	['kɒnʃəsnɪs]
memória (f)	memory	['memərɪ]
tirar (vt)	to pull out	[tə ˌpʊl 'aʊt]
obturação (f)	filling	['fɪlɪŋ]
obturar (vt)	to fill (vt)	[tə fɪl]
hipnose (f)	hypnosis	[hɪp'nəʊsɪs]
hipnotizar (vt)	to hypnotize (vt)	[tə 'hɪpnətaɪz]

67. Medicina. Drogas. Acessórios

medicamento (m)	medicine, drug	['medsɪn], [drʌg]
remédio (m)	remedy	['remədɪ]
receitar (vt)	to prescribe (vt)	[tə prɪ'skraɪb]
receita (f)	prescription	[prɪ'skrɪpʃən]
comprimido (m)	tablet, pill	['tæblɪt], [pɪl]
unguento (m)	ointment	['ɔɪntmənt]
ampola (f)	ampule	['æmpuːl]
solução, preparado (m)	mixture	['mɪkstʃə(r)]
xarope (m)	syrup	['sɪrəp]

| cápsula (f) | capsule | ['kæpsju:l] |
| pó (m) | powder | ['paʊdə(r)] |

atadura (f)	bandage	['bændɪdʒ]
algodão (m)	cotton wool	['kɒtən ˌwʊl]
iodo (m)	iodine	['aɪədaɪn]

curativo (m) adesivo	Band-Aid	['bændˌeɪd]
conta-gotas (m)	eyedropper	[aɪ 'drɒpə(r)]
termômetro (m)	thermometer	[θə'mɒmɪtə(r)]
seringa (f)	syringe	[sɪ'rɪndʒ]

| cadeira (f) de rodas | wheelchair | ['wi:lˌtʃeə(r)] |
| muletas (f pl) | crutches | [krʌtʃɪz] |

analgésico (m)	painkiller	['peɪnˌkɪlə(r)]
laxante (m)	laxative	['læksətɪv]
álcool (m)	spirits (ethanol)	['spɪrɪts], ['eθənɒl]
ervas (f pl) medicinais	medicinal herbs	[mə'dɪsɪnəl ɜ:rbz]
de ervas (chá ~)	herbal	['ɜ:rbəl]

APARTAMENTO

68. Apartamento

apartamento (m)	**apartment**	[ə'pɑːtmənt]
quarto, cômodo (m)	**room**	[rʊːm]
quarto (m) de dormir	**bedroom**	['bedrʊm]
sala (f) de jantar	**dining room**	['daɪnɪŋ rʊm]
sala (f) de estar	**living room**	['lɪvɪŋ ruːm]
escritório (m)	**study**	['stʌdɪ]
sala (f) de entrada	**entry room**	['entrɪ ruːm]
banheiro (m)	**bathroom**	['bɑːθrʊm]
lavabo (m)	**half bath**	[hɑːf bɑːθ]
teto (m)	**ceiling**	['siːlɪŋ]
chão, piso (m)	**floor**	[flɔː(r)]
canto (m)	**corner**	['kɔːnə(r)]

69. Mobiliário. Interior

mobiliário (m)	**furniture**	['fɜːnɪtʃə(r)]
mesa (f)	**table**	['teɪbəl]
cadeira (f)	**chair**	[tʃeə(r)]
cama (f)	**bed**	[bed]
sofá, divã (m)	**couch, sofa**	[kaʊtʃ], ['səʊfə]
poltrona (f)	**armchair**	['ɑːmtʃeə(r)]
estante (f)	**bookcase**	['bʊkkeɪs]
prateleira (f)	**shelf**	[ʃelf]
guarda-roupas (m)	**wardrobe**	['wɔːdrəʊb]
cabide (m) de parede	**coat rack**	['kəʊt ˌræk]
cabideiro (m) de pé	**coat stand**	['kəʊt stænd]
cômoda (f)	**bureau, dresser**	['bjʊərəʊ], ['dresə(r)]
mesinha (f) de centro	**coffee table**	['kɒfɪ 'teɪbəl]
espelho (m)	**mirror**	['mɪrə(r)]
tapete (m)	**carpet**	['kɑːpɪt]
tapete (m) pequeno	**rug, small carpet**	[rʌg], [smɔːl 'kɑːpɪt]
lareira (f)	**fireplace**	['faɪəpleɪs]
vela (f)	**candle**	['kændəl]
castiçal (m)	**candlestick**	['kændəlstɪk]
cortinas (f pl)	**drapes**	[dreɪps]
papel (m) de parede	**wallpaper**	['wɔːlˌpeɪpə(r)]

persianas (f pl)	blinds	[blaɪndz]
luminária (f) de mesa	table lamp	['teɪbəl læmp]
abajur (m) de pé	floor lamp	[flɔː læmp]
lustre (m)	chandelier	[ˌʃændə'lɪə(r)]

pé (de mesa, etc.)	leg	[leg]
braço, descanso (m)	armrest	['ɑːmrest]
costas (f pl)	back	[bæk]
gaveta (f)	drawer	[drɔː(r)]

70. Quarto de dormir

roupa (f) de cama	bedclothes	['bedkləʊðz]
travesseiro (m)	pillow	['pɪləʊ]
fronha (f)	pillowcase	['pɪləʊkeɪs]
cobertor (m)	duvet, comforter	['duːveɪ], ['kʌmfətə(r)]
lençol (m)	sheet	[ʃiːt]
colcha (f)	bedspread	['bedspred]

71. Cozinha

cozinha (f)	kitchen	['kɪtʃɪn]
gás (m)	gas	[gæs]
fogão (m) a gás	gas stove	['gæs stəʊv]
fogão (m) elétrico	electric stove	[ɪ'lektrɪk stəʊv]
forno (m)	oven	['ʌvən]
forno (m) de micro-ondas	microwave oven	['maɪkrəweɪv 'ʌvən]

geladeira (f)	fridge	[frɪdʒ]
congelador (m)	freezer	['friːzə(r)]
máquina (f) de lavar louça	dishwasher	['dɪʃˌwɒʃə(r)]

moedor (m) de carne	meat grinder	[miːt 'graɪndə(r)]
espremedor (m)	juicer	['dʒuːsə]
torradeira (f)	toaster	['təʊstə(r)]
batedeira (f)	mixer	['mɪksə(r)]

máquina (f) de café	coffee machine	['kɒfɪ mə'ʃiːn]
cafeteira (f)	coffee pot	['kɒfɪ pɒt]
moedor (m) de café	coffee grinder	['kɒfɪ 'graɪndə(r)]

chaleira (f)	kettle	['ketəl]
bule (m)	teapot	['tiːpɒt]
tampa (f)	lid	[lɪd]
coador (m) de chá	tea strainer	[tiː 'streɪnə(r)]

colher (f)	spoon	[spuːn]
colher (f) de chá	teaspoon	['tiːspuːn]
colher (f) de sopa	soup spoon	[suːp spuːn]
garfo (m)	fork	[fɔːk]
faca (f)	knife	[naɪf]
louça (f)	tableware	['teɪbəlweə(r)]

| prato (m) | plate | [pleɪt] |
| pires (m) | saucer | ['sɔ:sə(r)] |

cálice (m)	shot glass	[ʃɒt glɑ:s]
copo (m)	glass	[glɑ:s]
xícara (f)	cup	[kʌp]

açucareiro (m)	sugar bowl	['ʃʊgə ˌbəʊl]
saleiro (m)	salt shaker	[sɒlt 'ʃeɪkə]
pimenteiro (m)	pepper shaker	['pepə 'ʃeɪkə]
manteigueira (f)	butter dish	['bʌtə dɪʃ]

panela (f)	stock pot	[stɒk pɒt]
frigideira (f)	frying pan	['fraɪɪŋ pæn]
concha (f)	ladle	['leɪdəl]
coador (m)	colander	['kʌləndə(r)]
bandeja (f)	tray	[treɪ]

garrafa (f)	bottle	['bɒtəl]
pote (m) de vidro	jar	[dʒɑ:(r)]
lata (~ de cerveja)	can	[kæn]

abridor (m) de garrafa	bottle opener	['bɒtəl 'əʊpənə(r)]
abridor (m) de latas	can opener	[kæn 'əʊpənə(r)]
saca-rolhas (m)	corkscrew	['kɔ:kskru:]
filtro (m)	filter	['fɪltə(r)]
filtrar (vt)	to filter (vt)	[tə 'fɪltə(r)]

| lixo (m) | trash | [træʃ] |
| lixeira (f) | trash can | ['træʃkæn] |

72. Casa de banho

banheiro (m)	bathroom	['bɑ:θrʊm]
água (f)	water	['wɔ:tə(r)]
torneira (f)	faucet	['fɔ:sɪt]
água (f) quente	hot water	[hɒt 'wɔ:tə(r)]
água (f) fria	cold water	[ˌkəʊld 'wɔ:tə(r)]

| pasta (f) de dente | toothpaste | ['tu:θpeɪst] |
| escovar os dentes | to brush one's teeth | [tə brʌʃ wʌns 'ti:θ] |

barbear-se (vr)	to shave (vi)	[tə ʃeɪv]
espuma (f) de barbear	shaving foam	['ʃeɪvɪŋ fəʊm]
gilete (f)	razor	['reɪzə(r)]

lavar (vt)	to wash (vt)	[tə wɒʃ]
tomar banho	to take a bath	[tə teɪk ə bɑ:θ]
chuveiro (m), ducha (f)	shower	['ʃaʊə(r)]
tomar uma ducha	to take a shower	[tə teɪk ə 'ʃaʊə(r)]

banheira (f)	bathtub	['bɑ:θtʌb]
vaso (m) sanitário	toilet	['tɔɪlɪt]
pia (f)	sink, washbasin	[sɪŋk], ['wɒʃˌbeɪsən]

| sabonete (m) | soap | [səʊp] |
| saboneteira (f) | soap dish | ['səʊpdɪʃ] |

esponja (f)	sponge	[spʌndʒ]
xampu (m)	shampoo	[ʃæm'pu:]
toalha (f)	towel	['taʊəl]
roupão (m) de banho	bathrobe	['bɑ:θrəʊb]

lavagem (f)	laundry	['lɔːndrɪ]
lavadora (f) de roupas	washing machine	['wɒʃɪŋ mə'ʃi:n]
lavar a roupa	to do the laundry	[tə du: 'lɔːndrɪ]
detergente (m)	laundry detergent	['lɔːndrɪ dɪ'tɜːdʒənt]

73. Eletrodomésticos

televisor (m)	TV set	[ˌti:'vi: set]
gravador (m)	tape recorder	[teɪp rɪ'kɔːdə(r)]
videogravador (m)	video, VCR	['vɪdɪəʊ], [ˌvi:si:'ɑ:(r)]
rádio (m)	radio	['reɪdɪəʊ]
leitor (m)	player	['pleɪə(r)]

projetor (m)	video projector	['vɪdɪəʊ prə'dʒektə(r)]
cinema (m) em casa	home movie theater	[həʊm 'mu:vɪ 'θɪətə(r)]
DVD Player (m)	DVD player	[ˌdi:vi:'di: 'pleɪə(r)]
amplificador (m)	amplifier	['æmplɪfaɪə]
console (f) de jogos	video game console	['vɪdɪəʊ geɪm 'kɒnsəʊl]

câmera (f) de vídeo	video camera	['vɪdɪəʊ 'kæmərə]
máquina (f) fotográfica	camera	['kæmərə]
câmera (f) digital	digital camera	['dɪdʒɪtəl 'kæmərə]

aspirador (m)	vacuum cleaner	['vækjʊəm 'kli:nə(r)]
ferro (m) de passar	iron	['aɪrən]
tábua (f) de passar	ironing board	['aɪrənɪŋ bɔ:d]

telefone (m)	telephone	['telɪfəʊn]
celular (m)	cell phone	['selfəʊn]
máquina (f) de escrever	typewriter	['taɪpˌraɪtə(r)]
máquina (f) de costura	sewing machine	['səʊɪŋ mə'ʃi:n]

microfone (m)	microphone	['maɪkrəfəʊn]
fone (m) de ouvido	headphones	['hedfəʊnz]
controle remoto (m)	remote control	[rɪ'məʊt kən'trəʊl]

CD (m)	CD, compact disc	[ˌsi:'di:], [kəm'pækt dɪsk]
fita (f) cassete	cassette, tape	[kæ'set], [teɪp]
disco (m) de vinil	vinyl record	['vaɪnɪl 'rekɔ:d]

A TERRA. TEMPO

74. Espaço sideral

espaço, cosmo (m)	space	[speɪs]
espacial, cósmico (adj)	space	[speɪs]
espaço (m) cósmico	outer space	['aʊtə speɪs]
mundo (m)	world	[wɜːld]
universo (m)	universe	['juːnɪvɜːs]
galáxia (f)	galaxy	['gæləksɪ]
estrela (f)	star	[stɑː(r)]
constelação (f)	constellation	[ˌkɒnstə'leɪʃən]
planeta (m)	planet	['plænɪt]
satélite (m)	satellite	['sætəlaɪt]
meteorito (m)	meteorite	['miːtjəraɪt]
cometa (m)	comet	['kɒmɪt]
asteroide (m)	asteroid	['æstərɔɪd]
órbita (f)	orbit	['ɔːbɪt]
girar (vi)	to rotate (vi)	[tə rəʊ'teɪt]
atmosfera (f)	atmosphere	['ætməˌsfɪə(r)]
Sol (m)	the Sun	[ðə sʌn]
Sistema (m) Solar	solar system	['səʊlə 'sɪstəm]
eclipse (m) solar	solar eclipse	['səʊlə ɪ'klɪps]
Terra (f)	the Earth	[ðɪ ɜːθ]
Lua (f)	the Moon	[ðə muːn]
Marte (m)	Mars	[mɑːz]
Vênus (f)	Venus	['viːnəs]
Júpiter (m)	Jupiter	['dʒuːpɪtə(r)]
Saturno (m)	Saturn	['sætən]
Mercúrio (m)	Mercury	['mɜːkjʊrɪ]
Urano (m)	Uranus	['jʊərənəs]
Netuno (m)	Neptune	['neptjuːn]
Plutão (m)	Pluto	['pluːtəʊ]
Via Láctea (f)	Milky Way	['mɪlkɪ weɪ]
Ursa Maior (f)	Great Bear	[greɪt beə(r)]
Estrela Polar (f)	North Star	[nɔːθ stɑː(r)]
marciano (m)	Martian	['mɑːʃən]
extraterrestre (m)	extraterrestrial	[ˌekstrətə'restrɪəl]
alienígena (m)	alien	['eɪljən]

disco (m) voador	flying saucer	['flaɪɪŋ 'sɔːsə(r)]
espaçonave (f)	spaceship	['speɪsʃɪp]
estação (f) orbital	space station	[speɪs 'steɪʃən]
lançamento (m)	blast-off	[blɑːst ɒf]

motor (m)	engine	['endʒɪn]
bocal (m)	nozzle	['nɒzəl]
combustível (m)	fuel	[fjʊəl]

| cabine (f) | cockpit | ['kɒkpɪt] |
| antena (f) | antenna | [æn'tenə] |

vigia (f)	porthole	['pɔːθəʊl]
bateria (f) solar	solar panel	['səʊlə 'pænəl]
traje (m) espacial	spacesuit	['speɪssuːt]

| imponderabilidade (f) | weightlessness | ['weɪtlɪsnɪs] |
| oxigênio (m) | oxygen | ['ɒksɪdʒən] |

| acoplagem (f) | docking | ['dɒkɪŋ] |
| fazer uma acoplagem | to dock (vi, vt) | [tə dɒk] |

| observatório (m) | observatory | [əb'zɜːvətrɪ] |
| telescópio (m) | telescope | ['telɪskəʊp] |

| observar (vt) | to observe (vt) | [tə əb'zɜːv] |
| explorar (vt) | to explore (vt) | [tə ɪk'splɔː(r)] |

75. A Terra

Terra (f)	the Earth	[ðɪ ɜːθ]
globo terrestre (Terra)	the globe	[ðɪ gləʊb]
planeta (m)	planet	['plænɪt]

atmosfera (f)	atmosphere	['ætmə,sfɪə(r)]
geografia (f)	geography	[dʒɪ'ɒgrəfɪ]
natureza (f)	nature	['neɪtʃə(r)]

globo (mapa esférico)	globe	[gləʊb]
mapa (m)	map	[mæp]
atlas (m)	atlas	['ætləs]

| Europa (f) | Europe | ['jʊərəp] |
| Ásia (f) | Asia | ['eɪʒə] |

| África (f) | Africa | ['æfrɪkə] |
| Austrália (f) | Australia | [ɒ'streɪljə] |

América (f)	America	[ə'merɪkə]
América (f) do Norte	North America	[nɔːθ ə'merɪkə]
América (f) do Sul	South America	[saʊθ ə'merɪkə]

| Antártida (f) | Antarctica | [ænt'ɑːktɪkə] |
| Ártico (m) | the Arctic | [ðə 'ɑrktɪk] |

76. Pontos cardeais

norte (m)	**north**	[nɔ:θ]
para norte	**to the north**	[tə ðə nɔ:θ]
no norte	**in the north**	[ɪn ðə nɔ:θ]
do norte (adj)	**northern**	['nɔ:ðən]
sul (m)	**south**	[saʊθ]
para sul	**to the south**	[tə ðə saʊθ]
no sul	**in the south**	[ɪn ðə saʊθ]
do sul (adj)	**southern**	['sʌðən]
oeste, ocidente (m)	**west**	[west]
para oeste	**to the west**	[tə ðə west]
no oeste	**in the west**	[ɪn ðə west]
ocidental (adj)	**western**	['westən]
leste, oriente (m)	**east**	[i:st]
para leste	**to the east**	[tə ðɪ i:st]
no leste	**in the east**	[ɪn ðɪ i:st]
oriental (adj)	**eastern**	['i:stən]

77. Mar. Oceano

mar (m)	**sea**	[si:]
oceano (m)	**ocean**	['əʊʃən]
golfo (m)	**gulf**	[gʌlf]
estreito (m)	**straits**	[streɪts]
terra (f) firme	**land**	[lænd]
continente (m)	**continent**	['kɒntɪnənt]
ilha (f)	**island**	['aɪlənd]
península (f)	**peninsula**	[pə'nɪnsjʊlə]
arquipélago (m)	**archipelago**	[ˌɑːkɪ'pelɪgəʊ]
baía (f)	**bay**	[beɪ]
porto (m)	**harbor**	['hɑ:bə(r)]
lagoa (f)	**lagoon**	[lə'gu:n]
cabo (m)	**cape**	[keɪp]
atol (m)	**atoll**	['ætɒl]
recife (m)	**reef**	[ri:f]
coral (m)	**coral**	['kɒrəl]
recife (m) de coral	**coral reef**	['kɒrəl ri:f]
profundo (adj)	**deep**	[di:p]
profundidade (f)	**depth**	[depθ]
abismo (m)	**abyss**	[ə'bɪs]
fossa (f) oceânica	**trench**	[trentʃ]
corrente (f)	**current**	['kʌrənt]
banhar (vt)	**to surround** (vt)	[tə sə'raʊnd]
litoral (m)	**shore**	[ʃɔ:(r)]

costa (f)	coast	[kəʊst]
maré (f) alta	flow	[fləʊ]
refluxo (m)	ebb	[eb]
restinga (f)	shoal	[ʃəʊl]
fundo (m)	bottom	['bɒtəm]

onda (f)	wave	[weɪv]
crista (f) da onda	crest	[krest]
espuma (f)	foam, spume	[fəʊm], [spjuːm]

tempestade (f)	storm	[stɔːm]
furacão (m)	hurricane	['hʌrɪkən]
tsunami (m)	tsunami	[tsuːˈnɑːmɪ]
calmaria (f)	calm	[kɑːm]
calmo (adj)	quiet, calm	['kwaɪət], [kɑːm]

| polo (m) | pole | [pəʊl] |
| polar (adj) | polar | ['pəʊlə(r)] |

latitude (f)	latitude	['lætɪtjuːd]
longitude (f)	longitude	['lɒndʒɪtjuːd]
paralela (f)	parallel	['pærəlel]
equador (m)	equator	[ɪˈkweɪtə(r)]

céu (m)	sky	[skaɪ]
horizonte (m)	horizon	[həˈraɪzən]
ar (m)	air	[eə]

farol (m)	lighthouse	['laɪthaʊs]
mergulhar (vi)	to dive (vi)	[tə daɪv]
afundar-se (vr)	to sink (vi)	[tə sɪŋk]
tesouros (m pl)	treasures	['treʒəz]

78. Nomes de Mares e Oceanos

Oceano (m) Atlântico	Atlantic Ocean	[ətˈlæntɪk 'əʊʃən]
Oceano (m) Índico	Indian Ocean	['ɪndɪən 'əʊʃən]
Oceano (m) Pacífico	Pacific Ocean	[pəˈsɪfɪk 'əʊʃən]
Oceano (m) Ártico	Arctic Ocean	['ɑrktɪk 'əʊʃən]

Mar (m) Negro	Black Sea	[blæk siː]
Mar (m) Vermelho	Red Sea	[red siː]
Mar (m) Amarelo	Yellow Sea	[jeləʊ 'siː]
Mar (m) Branco	White Sea	[waɪt siː]

Mar (m) Cáspio	Caspian Sea	['kæspɪən siː]
Mar (m) Morto	Dead Sea	[ˌded 'siː]
Mar (m) Mediterrâneo	Mediterranean Sea	[ˌmedɪtəˈreɪnɪən siː]

| Mar (m) Egeu | Aegean Sea | [iːˈdʒiːən siː] |
| Mar (m) Adriático | Adriatic Sea | [ˌeɪdrɪˈætɪk siː] |

| Mar (m) Arábico | Arabian Sea | [əˈreɪbɪən siː] |
| Mar (m) do Japão | Sea of Japan | ['siː əv dʒəˈpæn] |

Mar (m) de Bering	**Bering Sea**	['berıŋ si:]
Mar (m) da China Meridional	**South China Sea**	[sauθ 'ʧaınə si:]
Mar (m) de Coral	**Coral Sea**	['kɒrəl si:]
Mar (m) de Tasman	**Tasman Sea**	['tæzmən si:]
Mar (m) do Caribe	**Caribbean Sea**	['kæ'rıbıən si:]
Mar (m) de Barents	**Barents Sea**	['bærənts si:]
Mar (m) de Kara	**Kara Sea**	['kɑːrə si:]
Mar (m) do Norte	**North Sea**	[nɔ:θ si:]
Mar (m) Báltico	**Baltic Sea**	['bɔːltık si:]
Mar (m) da Noruega	**Norwegian Sea**	[nɔː'wi:dʒən si:]

79. Montanhas

montanha (f)	**mountain**	['mauntın]
cordilheira (f)	**mountain range**	['mauntın reındʒ]
serra (f)	**mountain ridge**	['mauntın rıdʒ]
cume (m)	**summit, top**	['sʌmıt], [tɒp]
pico (m)	**peak**	[pi:k]
pé (m)	**foot**	[fut]
declive (m)	**slope**	[sləup]
vulcão (m)	**volcano**	[vɒl'kenəu]
vulcão (m) ativo	**active volcano**	['æktıv vɒl'kenəu]
vulcão (m) extinto	**dormant volcano**	['dɔ:mənt vɒl'kenəu]
erupção (f)	**eruption**	[ı'rʌpʃən]
cratera (f)	**crater**	['kreıtə(r)]
magma (m)	**magma**	['mægmə]
lava (f)	**lava**	['lɑ:və]
fundido (lava ~a)	**molten**	['məultən]
cânion, desfiladeiro (m)	**canyon**	['kænjən]
garganta (f)	**gorge**	[gɔ:dʒ]
fenda (f)	**crevice**	['krevıs]
precipício (m)	**abyss**	[ə'bıs]
passo, colo (m)	**pass, col**	[pɑ:s], [kɒl]
planalto (m)	**plateau**	['plætəu]
falésia (f)	**cliff**	[klıf]
colina (f)	**hill**	[hıl]
geleira (f)	**glacier**	['gleıʃə(r)]
cachoeira (f)	**waterfall**	['wɔ:təfɔ:l]
gêiser (m)	**geyser**	['gaızə(r)]
lago (m)	**lake**	[leık]
planície (f)	**plain**	[pleın]
paisagem (f)	**landscape**	['lændskeıp]
eco (m)	**echo**	['ekəu]
alpinista (m)	**alpinist**	['ælpınıst]

escalador (m)	**rock climber**	[rɒk 'klaɪmə(r)]
conquistar (vt)	**conquer** (vt)	['kɒŋkə(r)]
subida, escalada (f)	**climb**	[klaɪm]

80. Nomes de montanhas

Alpes (m pl)	**The Alps**	[ðɪ ælps]
Monte Branco (m)	**Mont Blanc**	[ˌmɔ̃'blɑ̃]
Pirineus (m pl)	**The Pyrenees**	[ðɪ ˌpɪrə'ni:z]
Cárpatos (m pl)	**The Carpathians**	[ðɪ kɑ:'peɪθɪənz]
Urais (m pl)	**The Ural Mountains**	[ðɪ 'jʊərəl 'maʊntɪnz]
Cáucaso (m)	**The Caucasus Mountains**	[ðɪ 'kɔ:kəsəs 'maʊntɪnz]
Elbrus (m)	**Mount Elbrus**	['maʊnt ˌelbə'ru:s]
Altai (m)	**The Altai Mountains**	[ðɪ ˌɑ:l'taɪ 'maʊntɪnz]
Tian Shan (m)	**The Tian Shan**	[ðɪ tjɛn'ʃɑ:n]
Pamir (m)	**The Pamir Mountains**	[ðɪ pə'mɪə 'maʊntɪnz]
Himalaia (m)	**The Himalayas**	[ðɪ ˌhɪmə'leɪəz]
monte Everest (m)	**Mount Everest**	['maʊnt 'everɪst]
Cordilheira (f) dos Andes	**The Andes**	[ðɪ 'ændi:z]
Kilimanjaro (m)	**Mount Kilimanjaro**	['maʊnt ˌkɪlɪmən'dʒɑ:rəʊ]

81. Rios

rio (m)	**river**	['rɪvə(r)]
fonte, nascente (f)	**spring**	[sprɪŋ]
leito (m) de rio	**riverbed**	['rɪvəbed]
bacia (f)	**basin**	['beɪsən]
desaguar no ...	**to flow into ...**	[tə fləʊ 'ɪntʊ]
afluente (m)	**tributary**	['trɪbjʊtrɪ]
margem (do rio)	**bank**	[bæŋk]
corrente (f)	**current, stream**	['kʌrənt], [stri:m]
rio abaixo	**downstream**	['daʊnˌstri:m]
rio acima	**upstream**	[ˌʌp'stri:m]
inundação (f)	**inundation**	[ˌɪnʌn'deɪʃən]
cheia (f)	**flooding**	['flʌdɪŋ]
transbordar (vi)	**to overflow** (vi)	[tə ˌəʊvə'fləʊ]
inundar (vt)	**to flood** (vt)	[tə flʌd]
banco (m) de areia	**shallow**	['ʃæləʊ]
corredeira (f)	**rapids**	['ræpɪdz]
barragem (f)	**dam**	[dæm]
canal (m)	**canal**	[kə'næl]
reservatório (m) de água	**reservoir**	['rezəvwɑ:(r)]
eclusa (f)	**sluice, lock**	[slu:s], [lɒk]
corpo (m) de água	**water body**	['wɔ:tə 'bɒdɪ]

pântano (m)	**swamp**	[swɒmp]
lamaçal (m)	**bog, marsh**	[bɒg], [mɑːʃ]
redemoinho (m)	**whirlpool**	['wɜːlpuːl]
riacho (m)	**stream**	[striːm]
potável (adj)	**drinking**	['drɪŋkɪŋ]
doce (água)	**fresh**	[freʃ]
gelo (m)	**ice**	[aɪs]
congelar-se (vr)	**to freeze over**	[tə friːz 'əʊvə(r)]

82. Nomes de rios

rio Sena (m)	**Seine**	[seɪn]
rio Loire (m)	**Loire**	[lwɑːr]
rio Tâmisa (m)	**Thames**	[temz]
rio Reno (m)	**Rhine**	[raɪn]
rio Danúbio (m)	**Danube**	['dænjuːb]
rio Volga (m)	**Volga**	['vɒlgə]
rio Don (m)	**Don**	[dɒn]
rio Lena (m)	**Lena**	['leɪnə]
rio Amarelo (m)	**Yellow River**	[ˌjeləʊ 'rɪvə(r)]
rio Yangtzé (m)	**Yangtze**	['jæŋtsɪ]
rio Mekong (m)	**Mekong**	['miːkɒŋ]
rio Ganges (m)	**Ganges**	['gændʒiːz]
rio Nilo (m)	**Nile River**	[naɪl 'rɪvə(r)]
rio Congo (m)	**Congo**	['kɒŋgəʊ]
rio Cubango (m)	**Okavango**	[ˌɔkə'væŋgəʊ]
rio Zambeze (m)	**Zambezi**	[zæm'biːzɪ]
rio Limpopo (m)	**Limpopo**	[lɪm'pəʊpəʊ]

83. Floresta

floresta (f), bosque (m)	**forest, wood**	['fɒrɪst], [wʊd]
florestal (adj)	**forest**	['fɒrɪst]
mata (f) fechada	**thick forest**	[θɪk 'fɒrɪst]
arvoredo (m)	**grove**	[grəʊv]
clareira (f)	**clearing**	['klɪərɪŋ]
matagal (m)	**thicket**	['θɪkɪt]
mato (m), caatinga (f)	**scrubland**	['skrʌblænd]
pequena trilha (f)	**footpath**	['fʊtpɑːθ]
ravina (f)	**gully**	['gʌlɪ]
árvore (f)	**tree**	[triː]
folha (f)	**leaf**	[liːf]

folhagem (f)	leaves	[li:vz]
queda (f) das folhas	fall of leaves	[fɔ:l əv li:vz]
cair (vi)	to fall (vi)	[tə fɔ:l]
topo (m)	top	[tɒp]

ramo (m)	branch	[brɑ:ntʃ]
galho (m)	bough	[baʊ]
botão (m)	bud	[bʌd]
agulha (f)	needle	['ni:dəl]
pinha (f)	pine cone	[paɪn kəʊn]

buraco (m) de árvore	tree hollow	[tri: 'hɒləʊ]
ninho (m)	nest	[nest]
toca (f)	burrow, animal hole	['bʌrəʊ], ['ænɪməl həʊl]

tronco (m)	trunk	[trʌŋk]
raiz (f)	root	[ru:t]
casca (f) de árvore	bark	[bɑ:k]
musgo (m)	moss	[mɒs]

arrancar pela raiz	to uproot (vt)	[tə ˌʌp'ru:t]
cortar (vt)	to chop down	[tə tʃɒp daʊn]
desflorestar (vt)	to deforest (vt)	[tə ˌdi:'fɒrɪst]
toco, cepo (m)	tree stump	[tri: stʌmp]

fogueira (f)	campfire	['kæmpˌfaɪə(r)]
incêndio (m) florestal	forest fire	['fɒrɪst 'faɪə(r)]
apagar (vt)	to extinguish (vt)	[tə ɪk'stɪŋgwɪʃ]

guarda-parque (m)	forest ranger	['fɒrɪst 'reɪndʒə]
proteção (f)	protection	[prə'tekʃən]
proteger (a natureza)	to protect (vt)	[tə prə'tekt]
caçador (m) furtivo	poacher	['pəʊtʃə(r)]
armadilha (f)	steel trap	[sti:l træp]

| colher (cogumelos, bagas) | to gather, to pick (vt) | [tə 'gæðə(r)], [tə pɪk] |
| perder-se (vr) | to lose one's way | [tə lu:z wʌnz weɪ] |

84. Recursos naturais

recursos (m pl) naturais	natural resources	['nætʃərəl rɪ'sɔ:sɪz]
minerais (m pl)	minerals	['mɪnərəlz]
depósitos (m pl)	deposits	[dɪ'pɒzɪts]
jazida (f)	field	[fi:ld]

extrair (vt)	to mine (vt)	[tə maɪn]
extração (f)	mining	['maɪnɪŋ]
minério (m)	ore	[ɔ:(r)]
mina (f)	mine	[maɪn]
poço (m) de mina	shaft	[ʃɑ:ft]
mineiro (m)	miner	['maɪnə(r)]

| gás (m) | gas | [gæs] |
| gasoduto (m) | gas pipeline | [gæs 'paɪplaɪn] |

petróleo (m)	oil, petroleum	[ɔɪl], [pɪ'trəʊlɪəm]
oleoduto (m)	oil pipeline	[ɔɪl 'paɪplaɪn]
poço (m) de petróleo	oil well	[ɔɪl wel]
torre (f) petrolífera	derrick	['derɪk]
petroleiro (m)	tanker	['tæŋkə(r)]

areia (f)	sand	[sænd]
calcário (m)	limestone	['laɪmstəʊn]
cascalho (m)	gravel	['grævəl]
turfa (f)	peat	[piːt]
argila (f)	clay	[kleɪ]
carvão (m)	coal	[kəʊl]

ferro (m)	iron	['aɪrən]
ouro (m)	gold	[gəʊld]
prata (f)	silver	['sɪlvə(r)]
níquel (m)	nickel	['nɪkəl]
cobre (m)	copper	['kɒpə(r)]

zinco (m)	zinc	[zɪŋk]
manganês (m)	manganese	['mæŋgəniːz]
mercúrio (m)	mercury	['mɜːkjʊrɪ]
chumbo (m)	lead	[led]

mineral (m)	mineral	['mɪnərəl]
cristal (m)	crystal	['krɪstəl]
mármore (m)	marble	['mɑːbəl]
urânio (m)	uranium	[jʊ'reɪnjəm]

85. Tempo

tempo (m)	weather	['weðə(r)]
previsão (f) do tempo	weather forecast	['weðə 'fɔːkɑːst]
temperatura (f)	temperature	['temprətʃə(r)]
termômetro (m)	thermometer	[θə'mɒmɪtə(r)]
barômetro (m)	barometer	[bə'rɒmɪtə(r)]

úmido (adj)	humid	['hjuːmɪd]
umidade (f)	humidity	[hjuː'mɪdətɪ]
calor (m)	heat	[hiːt]
tórrido (adj)	hot, torrid	[hɒt], ['tɒrɪd]
está muito calor	it's hot	[ɪts hɒt]

| está calor | it's warm | [ɪts wɔːm] |
| quente (morno) | warm | [wɔːm] |

| está frio | it's cold | [ɪts kəʊld] |
| frio (adj) | cold | [kəʊld] |

sol (m)	sun	[sʌn]
brilhar (vi)	to shine (vi)	[tə ʃaɪn]
de sol, ensolarado	sunny	['sʌnɪ]
nascer (vi)	to come up (vi)	[tə kʌm ʌp]
pôr-se (vr)	to set (vi)	[tə set]

nuvem (f)	cloud	[klaʊd]
nublado (adj)	cloudy	['klaʊdɪ]
nuvem (f) preta	rain cloud	[reɪn klaʊd]
escuro, cinzento (adj)	somber	['sɒmbə(r)]

chuva (f)	rain	[reɪn]
está a chover	it's raining	[ɪts 'reɪnɪŋ]
chuvoso (adj)	rainy	['reɪnɪ]
chuviscar (vi)	to drizzle (vi)	[tə 'drɪzəl]

chuva (f) torrencial	pouring rain	['pɔːrɪŋ reɪn]
aguaceiro (m)	downpour	['daʊnpɔː(r)]
forte (chuva, etc.)	heavy	['hevɪ]
poça (f)	puddle	['pʌdəl]
molhar-se (vr)	to get wet	[tə get wet]

nevoeiro (m)	fog, mist	[fɒg], [mɪst]
de nevoeiro	foggy	['fɒgɪ]
neve (f)	snow	[snəʊ]
está nevando	it's snowing	[ɪts snəʊɪŋ]

86. Tempo extremo. Catástrofes naturais

trovoada (f)	thunderstorm	['θʌndəstɔːm]
relâmpago (m)	lightning	['laɪtnɪŋ]
relampejar (vi)	to flash (vi)	[tə flæʃ]

trovão (m)	thunder	['θʌndə(r)]
trovejar (vi)	to thunder (vi)	[tə 'θʌndə(r)]
está trovejando	it's thundering	[ɪts 'θʌndərɪŋ]

| granizo (m) | hail | [heɪl] |
| está caindo granizo | it's hailing | [ɪts heɪlɪŋ] |

| inundar (vt) | to flood (vt) | [tə flʌd] |
| inundação (f) | flood | [flʌd] |

terremoto (m)	earthquake	['ɜːθkweɪk]
abalo, tremor (m)	tremor, shock	['tremə(r)], [ʃɒk]
epicentro (m)	epicenter	['epɪsentə(r)]

| erupção (f) | eruption | [ɪ'rʌpʃən] |
| lava (f) | lava | ['lɑːvə] |

tornado (m)	twister	['twɪstə(r)]
tornado (m)	tornado	[tɔ:'neɪdəʊ]
tufão (m)	typhoon	[taɪ'fuːn]

furacão (m)	hurricane	['hʌrɪkən]
tempestade (f)	storm	[stɔːm]
tsunami (m)	tsunami	[tsuː'nɑːmɪ]

| ciclone (m) | cyclone | ['saɪkləʊn] |
| mau tempo (m) | bad weather | [bæd 'weðə(r)] |

incêndio (m)	**fire**	['faɪə(r)]
catástrofe (f)	**disaster**	[dɪ'zɑːstə(r)]
meteorito (m)	**meteorite**	['miːtjəraɪt]
avalanche (f)	**avalanche**	['ævəlɑːnʃ]
deslizamento (m) de neve	**snowslide**	['snəʊslaɪd]
nevasca (f)	**blizzard**	['blɪzəd]
tempestade (f) de neve	**snowstorm**	['snəʊstɔːm]

FAUNA

87. Mamíferos. Predadores

predador (m)	predator	['predətə(r)]
tigre (m)	tiger	['taɪgə(r)]
leão (m)	lion	['laɪən]
lobo (m)	wolf	[wʊlf]
raposa (f)	fox	[fɒks]
jaguar (m)	jaguar	['dʒægjʊə(r)]
leopardo (m)	leopard	['lepəd]
chita (f)	cheetah	['tʃiːtə]
pantera (f)	black panther	[blæk 'pænθə(r)]
puma (m)	puma	['pjuːmə]
leopardo-das-neves (m)	snow leopard	[snəʊ 'lepəd]
lince (m)	lynx	[lɪnks]
coiote (m)	coyote	[kɔɪ'əʊtɪ]
chacal (m)	jackal	['dʒækəl]
hiena (f)	hyena	[haɪ'iːnə]

88. Animais selvagens

animal (m)	animal	['ænɪməl]
besta (f)	beast	[biːst]
esquilo (m)	squirrel	['skwɜːrəl]
ouriço (m)	hedgehog	['hedʒhɒg]
lebre (f)	hare	[heə(r)]
coelho (m)	rabbit	['ræbɪt]
texugo (m)	badger	['bædʒə(r)]
guaxinim (m)	raccoon	[rə'kuːn]
hamster (m)	hamster	['hæmstə(r)]
marmota (f)	marmot	['mɑːmət]
toupeira (f)	mole	[məʊl]
rato (m)	mouse	[maʊs]
ratazana (f)	rat	[ræt]
morcego (m)	bat	[bæt]
arminho (m)	ermine	['ɜːmɪn]
zibelina (f)	sable	['seɪbəl]
marta (f)	marten	['mɑːtɪn]
doninha (f)	weasel	['wiːzəl]
visom (m)	mink	[mɪŋk]

| castor (m) | beaver | ['biːvə(r)] |
| lontra (f) | otter | ['ɒtə(r)] |

cavalo (m)	horse	[hɔːs]
alce (m)	moose	[muːs]
veado (m)	deer	[dɪə(r)]
camelo (m)	camel	['kæməl]

bisão (m)	bison	['baɪsən]
auroque (m)	wisent	['wiːzənt]
búfalo (m)	buffalo	['bʌfələʊ]

zebra (f)	zebra	['ziːbrə]
antílope (m)	antelope	['æntɪləʊp]
corça (f)	roe deer	[rəʊ dɪə(r)]
gamo (m)	fallow deer	['fæləʊ dɪə(r)]
camurça (f)	chamois	['ʃæmwɑː]
javali (m)	wild boar	[ˌwaɪld 'bɔː(r)]

baleia (f)	whale	[weɪl]
foca (f)	seal	[siːl]
morsa (f)	walrus	['wɔːlrəs]
urso-marinho (m)	fur seal	['fɜːˌsiːl]
golfinho (m)	dolphin	['dɒlfɪn]

urso (m)	bear	[beə]
urso (m) polar	polar bear	['pəʊlə ˌbeə(r)]
panda (m)	panda	['pændə]

macaco (m)	monkey	['mʌŋkɪ]
chimpanzé (m)	chimpanzee	[ˌʧɪmpæn'ziː]
orangotango (m)	orangutan	[ɒˌrænuː'tæn]
gorila (m)	gorilla	[gə'rɪlə]
macaco (m)	macaque	[mə'kɑːk]
gibão (m)	gibbon	['gɪbən]

elefante (m)	elephant	['elɪfənt]
rinoceronte (m)	rhinoceros	[raɪ'nɒsərəs]
girafa (f)	giraffe	[dʒɪ'rɑːf]
hipopótamo (m)	hippopotamus	[ˌhɪpə'pɒtəməs]

| canguru (m) | kangaroo | [ˌkæŋgə'ruː] |
| coala (m) | koala | [kəʊ'ɑːlə] |

mangusto (m)	mongoose	['mɒŋguːs]
chinchila (f)	chinchilla	[ˌʧɪn'ʧɪlə]
cangambá (f)	skunk	[skʌŋk]
porco-espinho (m)	porcupine	['pɔːkjʊpaɪn]

89. Animais domésticos

gata (f)	cat	[kæt]
gato (m) macho	tomcat	['tɒmkæt]
cão (m)	dog	[dɒg]

cavalo (m)	horse	[hɔːs]
garanhão (m)	stallion	['stælɪən]
égua (f)	mare	[meə(r)]
vaca (f)	cow	[kaʊ]
touro (m)	bull	[bʊl]
boi (m)	ox	[ɒks]
ovelha (f)	sheep	[ʃiːp]
carneiro (m)	ram	[ræm]
cabra (f)	goat	[ɡəʊt]
bode (m)	he-goat	['hiː ɡəʊt]
burro (m)	donkey	['dɒŋkɪ]
mula (f)	mule	[mjuːl]
porco (m)	pig, hog	[pɪɡ], [hɒɡ]
leitão (m)	piglet	['pɪɡlɪt]
coelho (m)	rabbit	['ræbɪt]
galinha (f)	hen	[hen]
galo (m)	rooster	['ruːstə(r)]
pata (f), pato (m)	duck	[dʌk]
pato (m)	drake	[dreɪk]
ganso (m)	goose	[ɡuːs]
peru (m)	tom turkey, gobbler	[tɒm 'tɜːkɪ], ['ɡɒblə(r)]
perua (f)	turkey	['tɜːkɪ]
animais (m pl) domésticos	domestic animals	[də'mestɪk 'ænɪməlz]
domesticado (adj)	tame	[teɪm]
domesticar (vt)	to tame (vt)	[tə teɪm]
criar (vt)	to breed (vt)	[tə briːd]
fazenda (f)	farm	[fɑːm]
aves (f pl) domésticas	poultry	['pəʊltrɪ]
gado (m)	cattle	['kætəl]
rebanho (m), manada (f)	herd	[hɜːd]
estábulo (m)	stable	['steɪbəl]
chiqueiro (m)	pigpen	['pɪɡpen]
estábulo (m)	cowshed	['kaʊʃed]
coelheira (f)	rabbit hutch	['ræbɪt ˌhʌtʃ]
galinheiro (m)	hen house	['hen ˌhaʊs]

90. Pássaros

pássaro (m), ave (f)	bird	[bɜːd]
pombo (m)	pigeon	['pɪdʒɪn]
pardal (m)	sparrow	['spærəʊ]
chapim-real (m)	tit	[tɪt]
pega-rabuda (f)	magpie	['mæɡpaɪ]
corvo (m)	raven	['reɪvən]

gralha-cinzenta (f)	crow	[krəʊ]
gralha-de-nuca-cinzenta (f)	jackdaw	[ˈdʒækdɔ:]
gralha-calva (f)	rook	[rʊk]

pato (m)	duck	[dʌk]
ganso (m)	goose	[gu:s]
faisão (m)	pheasant	[ˈfezənt]

águia (f)	eagle	[ˈi:gəl]
açor (m)	hawk	[hɔ:k]
falcão (m)	falcon	[ˈfɔ:lkən]
abutre (m)	vulture	[ˈvʌltʃə]
condor (m)	condor	[ˈkɒndɔ:(r)]

cisne (m)	swan	[swɒn]
grou (m)	crane	[kreɪn]
cegonha (f)	stork	[stɔ:k]

papagaio (m)	parrot	[ˈpærət]
beija-flor (m)	hummingbird	[ˈhʌmɪŋˌbɜ:d]
pavão (m)	peacock	[ˈpi:kɒk]

avestruz (m)	ostrich	[ˈɒstrɪtʃ]
garça (f)	heron	[ˈherən]
flamingo (m)	flamingo	[fləˈmɪŋgəʊ]
pelicano (m)	pelican	[ˈpelɪkən]

| rouxinol (m) | nightingale | [ˈnaɪtɪŋgeɪl] |
| andorinha (f) | swallow | [ˈswɒləʊ] |

tordo-zornal (m)	thrush	[θrʌʃ]
tordo-músico (m)	song thrush	[sɒŋ θrʌʃ]
melro-preto (m)	blackbird	[ˈblækˌbɜ:d]

andorinhão (m)	swift	[swɪft]
cotovia (f)	lark	[lɑ:k]
codorna (f)	quail	[kweɪl]

pica-pau (m)	woodpecker	[ˈwʊdˌpekə(r)]
cuco (m)	cuckoo	[ˈkʊku:]
coruja (f)	owl	[aʊl]
bufo-real (m)	eagle owl	[ˈi:gəl aʊl]
tetraz-grande (m)	wood grouse	[wʊd graʊs]
tetraz-lira (m)	black grouse	[blæk graʊs]
perdiz-cinzenta (f)	partridge	[ˈpɑ:trɪdʒ]

estorninho (m)	starling	[ˈstɑ:lɪŋ]
canário (m)	canary	[kəˈneərɪ]
galinha-do-mato (f)	hazel grouse	[ˈheɪzəl graʊs]

| tentilhão (m) | chaffinch | [ˈtʃæfɪntʃ] |
| dom-fafe (m) | bullfinch | [ˈbʊlfɪntʃ] |

gaivota (f)	seagull	[ˈsi:gʌl]
albatroz (m)	albatross	[ˈælbətrɒs]
pinguim (m)	penguin	[ˈpeŋgwɪn]

91. Peixes. Animais marinhos

brema (f)	bream	[bri:m]
carpa (f)	carp	[kɑ:p]
perca (f)	perch	[pɜ:tʃ]
siluro (m)	catfish	['kætfɪʃ]
lúcio (m)	pike	[paɪk]

| salmão (m) | salmon | ['sæmən] |
| esturjão (m) | sturgeon | ['stɜ:dʒən] |

arenque (m)	herring	['herɪŋ]
salmão (m) do Atlântico	Atlantic salmon	[ət'læntɪk 'sæmən]
cavala, sarda (f)	mackerel	['mækərəl]
solha (f), linguado (m)	flatfish	['flætfɪʃ]

lúcio perca (m)	pike perch	[paɪk pɜ:tʃ]
bacalhau (m)	cod	[kɒd]
atum (m)	tuna	['tu:nə]
truta (f)	trout	[traʊt]

enguia (f)	eel	[i:l]
raia (f) elétrica	electric ray	[ɪ'lektrɪk reɪ]
moreia (f)	moray eel	['mɒreɪ i:l]
piranha (f)	piranha	[pɪ'rɑ:nə]

tubarão (m)	shark	[ʃɑ:k]
golfinho (m)	dolphin	['dɒlfɪn]
baleia (f)	whale	[weɪl]

caranguejo (m)	crab	[kræb]
água-viva (f)	jellyfish	['dʒelɪfɪʃ]
polvo (m)	octopus	['ɒktəpəs]

estrela-do-mar (f)	starfish	['stɑ:fɪʃ]
ouriço-do-mar (m)	sea urchin	[si: 'ɜ:tʃɪn]
cavalo-marinho (m)	seahorse	['si:hɔ:s]

ostra (f)	oyster	['ɔɪstə(r)]
camarão (m)	shrimp	[ʃrɪmp]
lagosta (f)	lobster	['lɒbstə(r)]
lagosta (f)	spiny lobster	['spaɪnɪ 'lɒbstə(r)]

92. Anfíbios. Répteis

| cobra (f) | snake | [sneɪk] |
| venenoso (adj) | venomous | ['venəməs] |

víbora (f)	viper	['vaɪpə(r)]
naja (f)	cobra	['kəʊbrə]
píton (m)	python	['paɪθən]
jiboia (f)	boa	['bəʊə]
cobra-de-água (f)	grass snake	['grɑ:sˌsneɪk]

cascavel (f)	rattle snake	['rætəl sneɪk]
anaconda (f)	anaconda	[ænə'kɒndə]

lagarto (m)	lizard	['lɪzəd]
iguana (f)	iguana	[ɪ'gwɑːnə]
varano (m)	monitor lizard	['mɒnɪtə 'lɪzəd]
salamandra (f)	salamander	['sæləˌmændə(r)]
camaleão (m)	chameleon	[kə'miːlɪən]
escorpião (m)	scorpion	['skɔːpɪən]

tartaruga (f)	turtle	['tɜːtəl]
rã (f)	frog	[frɒg]
sapo (m)	toad	[təʊd]
crocodilo (m)	crocodile	['krɒkədaɪl]

93. Insetos

inseto (m)	insect, bug	['ɪnsekt], [bʌg]
borboleta (f)	butterfly	['bʌtəflaɪ]
formiga (f)	ant	[ænt]
mosca (f)	fly	[flaɪ]
mosquito (m)	mosquito	[mə'skiːtəʊ]
escaravelho (m)	beetle	['biːtəl]

vespa (f)	wasp	[wɒsp]
abelha (f)	bee	[biː]
mamangaba (f)	bumblebee	['bʌmbəlbiː]
moscardo (m)	gadfly	['gædflaɪ]

aranha (f)	spider	['spaɪdə(r)]
teia (f) de aranha	spiderweb	['spaɪdəweb]

libélula (f)	dragonfly	['drægənflaɪ]
gafanhoto (m)	grasshopper	['grɑːsˌhɒpə(r)]
traça (f)	moth	[mɒθ]

barata (f)	cockroach	['kɒkrəʊtʃ]
carrapato (m)	tick	[tɪk]
pulga (f)	flea	[fliː]
borrachudo (m)	midge	[mɪdʒ]

gafanhoto (m)	locust	['ləʊkəst]
caracol (m)	snail	[sneɪl]
grilo (m)	cricket	['krɪkɪt]
pirilampo, vaga-lume (m)	lightning bug	['laɪtnɪŋ bʌg]
joaninha (f)	ladybug	['leɪdɪbʌg]
besouro (m)	cockchafer	['kɒkˌtʃeɪfə(r)]

sanguessuga (f)	leech	[liːtʃ]
lagarta (f)	caterpillar	['kætəpɪlə(r)]
minhoca (f)	earthworm	['ɜːθwɜːm]
larva (f)	larva	['lɑːvə]

FLORA

94. Árvores

árvore (f)	tree	[tri:]
decídua (adj)	deciduous	[dɪ'sɪdjʊəs]
conífera (adj)	coniferous	[kə'nɪfərəs]
perene (adj)	evergreen	['evəgri:n]
macieira (f)	apple tree	['æpəl ˌtri:]
pereira (f)	pear tree	['peə ˌtri:]
cerejeira (f)	sweet cherry tree	[swi:t 'ʧerɪ tri:]
ginjeira (f)	sour cherry tree	['saʊə 'ʧerɪ tri:]
ameixeira (f)	plum tree	['plʌm tri:]
bétula (f)	birch	[bɜ:ʧ]
carvalho (m)	oak	[əʊk]
tília (f)	linden tree	['lɪndən tri:]
choupo-tremedor (m)	aspen	['æspən]
bordo (m)	maple	['meɪpəl]
espruce (m)	spruce	[spru:s]
pinheiro (m)	pine	[paɪn]
alerce, lariço (m)	larch	[lɑ:ʧ]
abeto (m)	fir	[fɜ:(r)]
cedro (m)	cedar	['si:də(r)]
choupo, álamo (m)	poplar	['pɒplə(r)]
tramazeira (f)	rowan	['rəʊən]
salgueiro (m)	willow	['wɪləʊ]
amieiro (m)	alder	['ɔ:ldə(r)]
faia (f)	beech	[bi:ʧ]
ulmeiro, olmo (m)	elm	[elm]
freixo (m)	ash	[æʃ]
castanheiro (m)	chestnut	['ʧesnʌt]
magnólia (f)	magnolia	[mæg'nəʊlɪə]
palmeira (f)	palm tree	[pɑ:m tri:]
cipreste (m)	cypress	['saɪprəs]
mangue (m)	mangrove	['mæŋgrəʊv]
embondeiro, baobá (m)	baobab	['beɪəʊˌbæb]
eucalipto (m)	eucalyptus	[ˌju:kə'lɪptəs]
sequoia (f)	sequoia	[sɪ'kwɔɪə]

95. Arbustos

arbusto (m)	bush	[bʊʃ]
arbusto (m), moita (f)	shrub	[ʃrʌb]

| videira (f) | grapevine | ['greɪpvaɪn] |
| vinhedo (m) | vineyard | ['vɪnjəd] |

framboeseira (f)	raspberry bush	['rɑːzbərɪ bʊʃ]
groselheira-vermelha (f)	redcurrant bush	['redkʌrənt bʊʃ]
groselheira (f) espinhosa	gooseberry bush	['ɡʊzbərɪ ˌbʊʃ]

acácia (f)	acacia	[ə'keɪʃə]
bérberis (f)	barberry	['bɑːbərɪ]
jasmim (m)	jasmine	['dʒæzmɪn]

junípero (m)	juniper	['dʒuːnɪpə(r)]
roseira (f)	rosebush	['rəʊzbʊʃ]
roseira (f) brava	dog rose	['dɒɡ ˌrəʊz]

96. Frutos. Bagas

fruta (f)	fruit	[fruːt]
frutas (f pl)	fruits	[fruːts]
maçã (f)	apple	['æpəl]
pera (f)	pear	[peə(r)]
ameixa (f)	plum	[plʌm]

morango (m)	strawberry	['strɔːbərɪ]
ginja (f)	sour cherry	['saʊə 'tʃerɪ]
cereja (f)	sweet cherry	[swiːt 'tʃerɪ]
uva (f)	grape	[greɪp]

framboesa (f)	raspberry	['rɑːzbərɪ]
groselha (f) negra	blackcurrant	[ˌblæk'kʌrənt]
groselha (f) vermelha	redcurrant	['redkʌrənt]

| groselha (f) espinhosa | gooseberry | ['ɡʊzbərɪ] |
| oxicoco (m) | cranberry | ['krænberɪ] |

laranja (f)	orange	['ɒrɪndʒ]
tangerina (f)	mandarin	['mændərɪn]
abacaxi (m)	pineapple	['paɪnˌæpəl]

| banana (f) | banana | [bə'nɑːnə] |
| tâmara (f) | date | [deɪt] |

limão (m)	lemon	['lemən]
damasco (m)	apricot	['eɪprɪkɒt]
pêssego (m)	peach	[piːtʃ]

| quiuí (m) | kiwi | ['kiːwiː] |
| toranja (f) | grapefruit | ['greɪpfruːt] |

baga (f)	berry	['berɪ]
bagas (f pl)	berries	['berɪːz]
arando (m) vermelho	cowberry	['kaʊberɪ]
morango-silvestre (m)	wild strawberry	['waɪld 'strɔːbərɪ]
mirtilo (m)	bilberry	['bɪlbərɪ]

97. Flores. Plantas

flor (f)	**flower**	['flaʊə(r)]
buquê (m) de flores	**bouquet**	[bʊ'keɪ]
rosa (f)	**rose**	[rəʊz]
tulipa (f)	**tulip**	['tjuːlɪp]
cravo (m)	**carnation**	[kɑː'neɪʃən]
gladíolo (m)	**gladiolus**	[ˌglædɪ'əʊləs]
centáurea (f)	**cornflower**	['kɔːnflaʊə(r)]
campainha (f)	**harebell**	['heəbel]
dente-de-leão (m)	**dandelion**	['dændɪlaɪən]
camomila (f)	**camomile**	['kæməmaɪl]
aloé (m)	**aloe**	['æləʊ]
cacto (m)	**cactus**	['kæktəs]
fícus (m)	**rubber plant, ficus**	['rʌbə plɑːnt], ['faɪkəs]
lírio (m)	**lily**	['lɪlɪ]
gerânio (m)	**geranium**	[dʒɪ'reɪnjəm]
jacinto (m)	**hyacinth**	['haɪəsɪnθ]
mimosa (f)	**mimosa**	[mɪ'məʊzə]
narciso (m)	**narcissus**	[nɑː'sɪsəs]
capuchinha (f)	**nasturtium**	[nəs'tɜːʃəm]
orquídea (f)	**orchid**	['ɔːkɪd]
peônia (f)	**peony**	['piːənɪ]
violeta (f)	**violet**	['vaɪələt]
amor-perfeito (m)	**pansy**	['pænzɪ]
não-me-esqueças (m)	**forget-me-not**	[fə'get mi ˌnɒt]
margarida (f)	**daisy**	['deɪzɪ]
papoula (f)	**poppy**	['pɒpɪ]
cânhamo (m)	**hemp**	[hemp]
hortelã, menta (f)	**mint**	[mɪnt]
lírio-do-vale (m)	**lily of the valley**	['lɪlɪ əv ðə 'vælɪ]
campânula-branca (f)	**snowdrop**	['snəʊdrɒp]
urtiga (f)	**nettle**	['netəl]
azedinha (f)	**sorrel**	['sɒrəl]
nenúfar (m)	**water lily**	['wɔːtə 'lɪlɪ]
samambaia (f)	**fern**	[fɜːn]
líquen (m)	**lichen**	['laɪkən]
estufa (f)	**conservatory**	[kən'sɜːvətrɪ]
gramado (m)	**lawn**	[lɔːn]
canteiro (m) de flores	**flowerbed**	['flaʊəbed]
planta (f)	**plant**	[plɑːnt]
grama (f)	**grass**	[grɑːs]
folha (f) de grama	**blade of grass**	[bleɪd əv grɑːs]

folha (f)	**leaf**	[liːf]
pétala (f)	**petal**	['petəl]
talo (m)	**stem**	[stem]
tubérculo (m)	**tuber**	['tjuːbə(r)]
broto, rebento (m)	**young plant**	[jʌŋ plɑːnt]
espinho (m)	**thorn**	[θɔːn]
florescer (vi)	**to blossom** (vi)	[tə 'blɒsəm]
murchar (vi)	**to fade** (vi)	[tə feɪd]
cheiro (m)	**smell**	[smel]
cortar (flores)	**to cut** (vt)	[tə kʌt]
colher (uma flor)	**to pick** (vt)	[tə pɪk]

98. Cereais, grãos

grão (m)	**grain**	[greɪn]
cereais (plantas)	**cereal crops**	['sɪərɪəl krɒps]
espiga (f)	**ear**	[ɪə(r)]
trigo (m)	**wheat**	[wiːt]
centeio (m)	**rye**	[raɪ]
aveia (f)	**oats**	[əʊts]
painço (m)	**millet**	['mɪlɪt]
cevada (f)	**barley**	['bɑːlɪ]
milho (m)	**corn**	[kɔːn]
arroz (m)	**rice**	[raɪs]
trigo-sarraceno (m)	**buckwheat**	['bʌkwiːt]
ervilha (f)	**pea**	[piː]
feijão (m) roxo	**kidney bean**	['kɪdnɪ biːn]
soja (f)	**soy**	[sɔɪ]
lentilha (f)	**lentil**	['lentɪl]
feijão (m)	**beans**	[biːnz]

PAÍSES DO MUNDO

99. Países. Parte 1

Afeganistão (m)	Afghanistan	[æfˈgænɪˌstæn]
África (f) do Sul	South Africa	[saʊθ ˈæfrɪkə]
Albânia (f)	Albania	[ælˈbeɪnɪə]
Alemanha (f)	Germany	[ˈdʒɜ:mənɪ]
Arábia (f) Saudita	Saudi Arabia	[ˈsaʊdɪ əˈreɪbɪə]
Argentina (f)	Argentina	[ˌɑ:dʒənˈti:nə]
Armênia (f)	Armenia	[ɑːˈmi:nɪə]
Austrália (f)	Australia	[ɒˈstreɪljə]
Áustria (f)	Austria	[ˈɒstrɪə]
Azerbaijão (m)	Azerbaijan	[ˌæzəbaɪˈdʒɑ:n]
Bahamas (f pl)	The Bahamas	[ðə bəˈhɑ:məz]
Bangladesh (m)	Bangladesh	[ˌbæŋgləˈdeʃ]
Bélgica (f)	Belgium	[ˈbeldʒəm]
Belarus	Belarus	[ˌbeləˈru:s]
Bolívia (f)	Bolivia	[bəˈlɪvɪə]
Bósnia e Herzegovina (f)	Bosnia and Herzegovina	[ˈbɒznɪə ənd ˌheətsəgəˈvi:nə]
Brasil (m)	Brazil	[brəˈzɪl]
Bulgária (f)	Bulgaria	[bʌlˈgeərɪə]
Camboja (f)	Cambodia	[kæmˈbəʊdjə]
Canadá (m)	Canada	[ˈkænədə]
Cazaquistão (m)	Kazakhstan	[ˌkæzækˈstɑ:n]
Chile (m)	Chile	[ˈtʃɪlɪ]
China (f)	China	[ˈtʃaɪnə]
Chipre (m)	Cyprus	[ˈsaɪprəs]
Colômbia (f)	Colombia	[kəˈlɒmbɪə]
Coreia (f) do Norte	North Korea	[nɔ:θ kəˈrɪə]
Coreia (f) do Sul	South Korea	[saʊθ kəˈrɪə]
Croácia (f)	Croatia	[krəʊˈeɪʃə]
Cuba (f)	Cuba	[ˈkju:bə]
Dinamarca (f)	Denmark	[ˈdenmɑ:k]
Egito (m)	Egypt	[ˈi:dʒɪpt]
Emirados Árabes Unidos	United Arab Emirates	[ju:ˈnaɪtɪd ˈærəb ˈemərəts]
Equador (m)	Ecuador	[ˈekwədɔ:(r)]
Escócia (f)	Scotland	[ˈskɒtlənd]
Eslováquia (f)	Slovakia	[sləˈvækɪə]
Eslovênia (f)	Slovenia	[sləˈvi:nɪə]
Espanha (f)	Spain	[speɪn]
Estados Unidos da América	United States of America	[ju:ˈnaɪtɪd steɪts əv əˈmerɪkə]
Estônia (f)	Estonia	[eˈstəʊnjə]
Finlândia (f)	Finland	[ˈfɪnlənd]
França (f)	France	[frɑ:ns]

100. Países. Parte 2

Gana (f)	Ghana	['gɑːnə]
Geórgia (f)	Georgia	['dʒɔːdʒjə]
Grã-Bretanha (f)	Great Britain	[greıt 'brıtən]
Grécia (f)	Greece	[griːs]
Haiti (m)	Haiti	['heıtı]
Hungria (f)	Hungary	['hʌŋgərı]
Índia (f)	India	['ındıə]

Indonésia (f)	Indonesia	[ˌındə'niːzjə]
Inglaterra (f)	England	['ıŋglənd]
Irã (m)	Iran	[ı'rɑːn]
Iraque (m)	Iraq	[ı'rɑːk]
Irlanda (f)	Ireland	['aıələnd]
Islândia (f)	Iceland	['aıslənd]
Israel (m)	Israel	['ızreıəl]

Itália (f)	Italy	['ıtəlı]
Jamaica (f)	Jamaica	[dʒə'meıkə]
Japão (m)	Japan	[dʒə'pæn]
Jordânia (f)	Jordan	['dʒɔːdən]
Kuwait (m)	Kuwait	[kʊ'weıt]
Laos (m)	Laos	[laʊs]
Letônia (f)	Latvia	['lætvıə]

Líbano (m)	Lebanon	['lebənən]
Líbia (f)	Libya	['lıbıə]
Liechtenstein (m)	Liechtenstein	['lıktənstaın]
Lituânia (f)	Lithuania	[ˌlıθjʊ'eınjə]
Luxemburgo (m)	Luxembourg	['lʌksəmbɜːg]
Macedônia (f)	Macedonia	[ˌmæsı'dəʊnıə]
Madagascar (m)	Madagascar	[ˌmædə'gæskə(r)]

Malásia (f)	Malaysia	[mə'leızıə]
Malta (f)	Malta	['mɔːltə]
Marrocos	Morocco	[mə'rɒkəʊ]
México (m)	Mexico	['meksıkəʊ]
Birmânia (f)	Myanmar	[ˌmaıæn'mɑː(r)]
Moldávia (f)	Moldavia	[mɒl'deıvıə]
Mônaco (m)	Monaco	['mɒnəkəʊ]

Mongólia (f)	Mongolia	[mɒŋ'gəʊlıə]
Montenegro (m)	Montenegro	[ˌmɒntı'niːgrəʊ]
Namíbia (f)	Namibia	[nə'mıbıə]
Nepal (m)	Nepal	[nı'pɔːl]
Noruega (f)	Norway	['nɔːweı]
Nova Zelândia (f)	New Zealand	[njuː 'ziːlənd]

101. Países. Parte 3

| Países Baixos (m pl) | Netherlands | ['neðələndz] |
| Palestina (f) | Palestine | ['pæləˌstaın] |

Panamá (m)	Panama	['pænəmɑ:]
Paquistão (m)	Pakistan	['pækɪstæn]
Paraguai (m)	Paraguay	['pærəgwaɪ]
Peru (m)	Peru	[pə'ru:]
Polinésia (f) Francesa	French Polynesia	[frenʧ ˌpɒlɪ'ni:zjə]

Polônia (f)	Poland	['pəʊlənd]
Portugal (m)	Portugal	['pɔːtʃʊgəl]
Quênia (f)	Kenya	['kenjə]
Quirguistão (m)	Kirghizia	[kɜ:'gɪzɪə]
República (f) Checa	Czech Republic	[ʧek rɪ'pʌblɪk]
República Dominicana	Dominican Republic	[də'mɪnɪkən rɪ'pʌblɪk]
Romênia (f)	Romania	[ru:'meɪnɪə]

Rússia (f)	Russia	['rʌʃə]
Senegal (m)	Senegal	[ˌsenɪ'gɔ:l]
Sérvia (f)	Serbia	['sɜ:bɪə]
Síria (f)	Syria	['sɪrɪə]
Suécia (f)	Sweden	['swi:dən]
Suíça (f)	Switzerland	['swɪtsələnd]
Suriname (m)	Suriname	[ˌsʊərɪ'næm]

Tailândia (f)	Thailand	['taɪlænd]
Taiwan (m)	Taiwan	[ˌtaɪ'wɑ:n]
Tajiquistão (m)	Tajikistan	[tɑ:ˌʤɪkɪ'stɑ:n]
Tanzânia (f)	Tanzania	[ˌtænzə'nɪə]
Tasmânia (f)	Tasmania	[tæz'meɪnjə]
Tunísia (f)	Tunisia	[tju:'nɪzɪə]
Turquemenistão (m)	Turkmenistan	[ˌtɜ:kmenɪ'stɑ:n]

Turquia (f)	Turkey	['tɜ:kɪ]
Ucrânia (f)	Ukraine	[ju:'kreɪn]
Uruguai (m)	Uruguay	['jʊərəgwaɪ]
Uzbequistão (f)	Uzbekistan	[ʊzˌbekɪ'stɑ:n]
Vaticano (m)	Vatican	['vætɪkən]
Venezuela (f)	Venezuela	[ˌvenɪ'zweɪlə]
Vietnã (m)	Vietnam	[ˌvjet'nɑ:m]
Zanzibar (m)	Zanzibar	[ˌzænzɪ'bɑ:(r)]

www.ingramcontent.com/pod-product-compliance
Lightning Source LLC
Chambersburg PA
CBHW070826050426
42452CB00011B/2196

INGLÊS
VOCABULÁRIO

PORTUGUÊS
INGLÊS AMERICANO

Para alargar o seu léxico e apurar
as suas competências linguísticas

3000 palavras

Vocabulário Português Brasileiro-Inglês americano - 3000 palavras

Por Andrey Taranov

Os vocabulários da T&P Books destinam-se a ajudar a aprender, a memorizar, e a rever palavras estrangeiras. O dicionário é dividido em temas, cobrindo todas as principais esferas de atividades quotidianas, negócios, ciência, cultura, etc.

O processo de aprendizagem, utilizando os dicionários baseados em temáticas da T&P Books dá-lhe as seguintes vantagens:

- Informação de origem corretamente agrupada predetermina o sucesso em fases subsequentes da memorização de palavras
- Disponibilização de palavras derivadas da mesma raiz, o que permite a memorização de unidades de texto (em vez de palavras separadas)
- Pequenas unidades de palavras facilitam o processo de estabelecimento de vínculos associativos necessários para a consolidação do vocabulário
- O nível de conhecimento da língua pode ser estimado pelo número de palavras aprendidas

T&P Books Publishing
www.tpbooks.com

ISBN: 978-1-78767-404-2

Este livro também está disponível em formato E-book.
Por favor visite www.tpbooks.com ou as principais livrarias on-line.